春夏秋冬、ぎゅっと詰めて

旬弁当

中川たま

日本文芸社

春夏秋冬、ぎゅっと詰めて

家族のためにお弁当を作り始めて早20年近く。
結婚して主人のために作り始め、
娘が生まれて幼稚園に行くようになったら二つになりました。
彼女が小学校に上がり給食になってからは一つ、
中学校に行きだして二つになり、途中から給食が始まって喜んだのも束の間、
給食が合わず……、また二つに。そして現在は、高校生になった娘と主人のために、
毎日二つのお弁当を作るのが日課です。

お弁当は実は奥が深いもの。
冷めても美味しいものを、お弁当箱にバランスよく詰め、
飽きないようにと、毎日工夫が必要です。
そう思うと、四季の移り変わりを意識したおかず作りが、
お弁当をより美味しく、楽しくさせてくれるコツでは、と感じました。

春夏秋冬、それぞれ旬の食材は、うま味も濃く栄養も豊富です。
前もって旬を閉じ込められるような下ごしらえをしておけば、
とっても簡単に「旬弁当」を作ることができます。
毎日のことだからこそ、少しの段取り、少しの下ごしらえで、
朝のお弁当作りははかどり、美味しくなります。
定番のおかずに、少し旬をプラスするだけでもいいのです。

お弁当包みを開けるのを楽しみにしてくれるような、
四季と愛情を詰めたお弁当ができたら、嬉しいものですよね。
みなさんの毎日のお弁当作り、特別な日のお弁当作りが、
素晴らしいひと時となるよう、この本を役立てていただけたら幸いです。

中川たま

もくじ

秋

冬

本書について

お弁当に合う旬食材で、作りおきできる「おかずの素」を作り、それぞれの料理に展開しています。また季節ごとに、保存食になる「ペースト」とその美味しい使い方、一品だけで完成する「一品主役弁当」、行楽や持ち寄りなどにおすすめの「イベント弁当」をご紹介しています。

【レシピについて】

○材料の分量はお弁当に適した量を基準にしています。「作りやすい分量」とは、1回で美味しく作ることができるおすすめの分量です。
○計量単位は大さじ1＝15㎖、小さじ1＝5㎖、1カップ＝200㎖です。
○レシピ上、食材を洗う、皮をむくなどの通常の下ごしらえは省略しています。特に表示がない限り、その作業をしてから調理に入ってください。
○「だし」は鰹と昆布の合わせだし、「醤油」は濃口醤油、「塩」は自然塩、酢は「米酢」、みりんは「本みりん」、「油」は玄米油、「オリーブオイル」はエクストラヴァージンオリーブオイルを使用しています。
○火加減はとくに表記がない場合は中火です。また、火加減や加熱時間は状態に合わせて調整してください。
○本書のご飯は鍋で炊いていますが、炊飯器を使用してもOKです。
○保存期間はあくまで目安です。
○料理を保存するときは、しっかり冷ましてから蓋をし、冷蔵庫で保管してください。

旬弁当のいいところ

食材の
美味しさが濃厚

通年手に入る食材が増えるなか、
スーパーの店頭を飾る「旬もの」は
うま味が濃厚で香りも色も豊か。
やっぱり格別に美味しいのです。
しかも、新鮮で安い。
お財布に優しいのも嬉しいところ。
旬弁当にはその時期だからこその
味わいがぎゅっと詰まっています。

季節に合わせて
体を整える

夏には、体にこもった熱をとり、
冬には、じんわりと温める……。
旬の食材を食べていると、
自然と季節を過ごしやすくなる
栄養を摂取できるのです。
お弁当は毎日のこと。
旬の恵みを上手に取り入れれば、
元気の源になってくれます。

お腹だけでなく
心も満たされる

お弁当で食べ慣れたおかずでも
旬の食材で作るとひと味違います。
彩りに入れるトマトや葉物でさえ
美味しければ自然に笑みがこぼれ、
小さな幸せを感じます。
食べることで季節の移ろいを感じ、
心も豊かになる。
お弁当でも大切にしたい信条です。

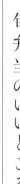

美味しく作るコツ

まず、旬食材で「おかずの素」を作る

旬の食材が手に入ったら、晩ごはんの支度のついでに「おかずの素」を仕込みます。旬ならではの味や香りを逃さないように、また、もっと美味しく食べられるようにひと工夫。

常備菜とまでいかなくても、このひと手間で美味しさが長く保てたり、調理の時短につながったりと、毎日のお弁当作りに役立ちます。

特売でたくさん食材を持ち帰ったときやご近所さんからおすそ分けをいただいたときも、おかずの素を仕込んでおけば便利。お弁当の中身が豊かになります。

旬食材

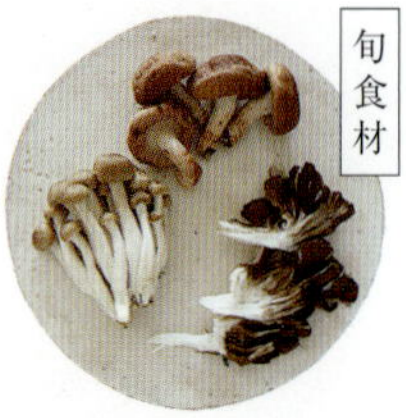

おかずの素

きのこの醤油煮 （▶p.89）

おかずの素のポイント

◎下ごしらえで旬を閉じ込める

さっと蒸したり、天日干ししたり。また調味料に漬け込むなど、下ごしらえ程度の簡単調理でアレンジしやすいおかずの素に。軽く水分も抜けて味が凝縮し、美味しさもグッと増します。

◎皮や葉も美味しく活用

グリンピースはさやをゆでてだし代わりに。大根は皮と葉を天日干しにしておかずに。旬の食材は皮も葉も柔らかく栄養がいっぱい。その時期だけのお楽しみなので、余すことなくしっかり使いましょう。

◎素材の味を生かすシンプルな味つけに

季節ならではの味や香りを損なわないように、味つけはシンプルに。塩や醤油、味噌、酢など、基本調味料で下味をつける程度にしておくと、アレンジもしやすくなって用途が広がります。

◎使いやすい状態で保存する

おかずの素は食材のうま味を逃さない大きさにしておくと、形がいろいろ変えられてアレンジの幅が広がります。また冷凍する場合はひと塊にならないように小分けにする、ほぐすなど、ひと工夫をしておきます。

おかずの素を自在にアレンジ

シンプルに作ったおかずの素は、さまざまなおかずにアレンジが可能です。

混ぜるだけの簡単なものから、ひと手間加える揚げ物やご飯ものまで、バラエティ豊かに展開でき、お弁当作りを美味しくサポート。イチから作る必要がないので時短にもなります。

味も自在に変えられて、同じ食材が続いても飽きずに食べられ、また家族の好みに合わせて、作り分けするのもとっても簡単です。

まずは本書のレシピから始めて、自分好みのアレンジおかずを見つけてください。

アレンジのポイント

◎手軽に作れるおかずをチョイス

旬の美味しさを生かすためにも、シンプルメニューがおすすめ。おかずの素は、どんなおかずにも、ご飯ものにもアレンジ自在。定番おかずだって、旬食材を加えるだけでご馳走になります。

◎煮汁や漬け汁も余すことなく使う

おかずの素で残る煮汁や漬け汁、ゆで汁には食材のうま味が詰まっているので、捨てるのはもったいない！だしや調味料代わりに使えば、手軽に美味しさを底上げできます。

◎水分を飛ばす、閉じ込める

お弁当に汁気は禁物。だけど単純に水気を減らすと美味しさも半減してしまいます。そこで、煮詰めて水分を飛ばしたり、水溶き片栗粉でとろみをつけるなど、仕上げにうま味を閉じ込める工夫を施します。

◎彩りを意識して合わせる食材を選ぶ

毎日のことだからお弁当は見た目も大切。彩りで変化をつければ脱マンネリにつながることも。とくに旬の野菜は色鮮やか。旬もの同士は色の相性も抜群です。季節感も手軽に演出できます。

段取りで美味しく時短

時間が限られる朝は、できるだけお弁当作りの作業を減らしたいもの。コンロの数も限られるので、おかずの素はもちろん、煮物などの加熱に時間がかかるものは、前日の晩ごはんと一緒に支度しておきます。面倒な作業を中心に、7~8割方すませておけば、朝は基本的に炒めるだけ、揚げるだけ、和えるだけ。ささっと仕上げられて気持ちにも余裕が生まれます。

お弁当作りの段取り

前日の支度

・おかずの素を作っておく
・翌朝使うものは加熱前まで仕込んでおく
・時間をおいて美味しくなる煮物は作っておく

‹‹‹

朝の支度

・ご飯を炊く
・加熱するおかずを作る
・水分が出やすい和え物やサラダを作る
・お弁当箱に詰める

1「ボーソー 玄米油」酸化に強く、料理が冷めても油臭くならないのでお弁当向き。
2「福来純 三年熟成本みりん」まろやかな甘さで素材のうま味を上手に引き立てる。
3「村山造酢 千鳥酢」穏やかな酸味ですっきりとした味わい。
4「フンドーキン 吉野杉樽 天然醸造醤油」香りが豊かでコクがあり、風味豊かに仕上げる。

素材の味を生かす調味料を選ぶ

我が家で使っている調味料は、化学的なものを使わずに昔ながらの製法で作られているシンプルなものが中心です。どれも、調味料自体にうま味があり、尖った部分のないまろやかな味わい。食材の味を邪魔することなく、本来の持ち味を引き出してくれる、旬食材のよき相棒です。

油は玄米油、米油、菜種油、ごま油、オリーブオイルを料理に合わせて使い分け。なかでもお弁当の揚げ物には、くせがなく、栄養価の高い玄米油がおすすめです。

砂糖は精製度が低く、まろやかな甘さでコクのある、きび砂糖や洗双糖を中心に。塩はしっとりとした自然塩。ほのかに甘みを感じるものが好きです。

お味噌は、毎年仕込んでいる自家製です。これを使うと自然に我が家の味に。

美味しい演出

詰め方で味も印象も変わる

お弁当では隣り合うおかずの味が混ざったり、汁気がご飯に移ったり、詰め方によって味が変わります。これがお弁当ならではの美味しさを生むので、詰めるときは味の相性を考えておかずの配置を決めましょう。

ご飯から詰めてご飯に合うおかずを周囲におき、酸味のある副菜はご飯から離すと美味しくまとまります。

詰め方レッスン

①最初にご飯を詰める。
②ご飯の脇に味が移らないゆで卵をおく。
③ご飯に味が移っても美味しい味の濃いおかずを入れる。
④形がしっかりしたおかずを仕切り代わりに入れる。
⑤酸味のあるおかずをご飯から遠い位置に詰める。
⑥最後にメインをご飯にかかるようにのせる。

1
2
3
4
5
6

お弁当箱やお弁当包みで変化をつけて

お弁当箱にも流行あり。思い切って取り入れてみると、意外に便利だったり、メニューの幅が広がったりと、新しい発見に助けられることも。お弁当箱が実用性を重視する分、お弁当包みには私の好きなリネンやコットンを中心に、季節に合う色を選んでコーディネート。毎日のことなので、小さな変化をつけて楽しんでいます。

右の写真が基本のお弁当箱たち。楕円のわっぱと長方形のお弁当箱は、詰めやすい定番もの。丸いホーローの容器は2個セットで使います。左の写真は丼もの、おにぎり、サラダ、スープと、季節ものや「一品主役弁当」に。

カトラリー

普段使いのものが一番食べやすいので、おかずに合わせてお箸やスッカラ、レンゲを添えています。

元々リネンのクロスが大好き。こつこつと集めたものの中から、その日の気分で選んでいます。

春

Spring

新しい季節が巡ってきました。
何か初めてのことが起こりそうな、胸が高鳴る季節の到来です。
新しい環境で、心機一転の方も多いのではないでしょうか。
静かだった大地から勢いよく芽吹き始める、
みずみずしい植物たちは、
私たちの体を春へと呼び起こそうとしてくれるはず……。
春の食材は滋味深く、懐かしい味わいが魅力。
体を健やかに整えてくれるものが多く、お弁当にもぴったりです。
筍や山菜は、下ごしらえが上手くできたなら、子どもでも食べやすい常備菜に。
可愛らしい豆は軽やかで鮮やか。お弁当を美しく彩ります。
我が家では幾度となく春弁当を作っていますが、
これから始まる、新たな一年がいい年になるようにと、
早起きして、美味しいお弁当を作ろうと気合いが入るもの。
朝のエンジンがかかりづらい私も、
この季節はしゃんと背筋をただし、心を整えて
お弁当と向き合うことにしています。
新しい季節、お昼ごはんが楽しみになるようなお弁当作りを目指します。

春の旬弁当

あさりの時雨煮 ▸p.31
筍とニラのつくね ▸p.19
あさりと切り干し大根の煮物 ▸p.31
たらの芽のごま和え ▸p.23
焼き鰆 ▸p.34
わらびとじゃこのきんぴら ▸p.23
鰆のフリット ▸p.34
ふきの土佐煮 ▸p.23
わけぎと桜海老の卵焼き ▸p.77
焼き筍ご飯 ▸p.18

筍と牛肉の
炒め物
▸p.18

ふきのとう味噌の
新じゃがフライ
▸p.28

にんじんのナムル
▸p.37

スナップえんどうの塩ゆで
▸p.25

グリンピースと新玉ねぎ、
かにのピラフ
▸p.27

木の芽オイルの
ショートパスタ和え
▸p.29

そら豆と
クリームチーズのサモサ
▸p.26

木の芽オイルの
春キャベツのマリネ
▸p.29

筍《たけのこ》

春の食材で一番に思い浮かぶ筍。
有り難いことに、父や友人から
いただく機会が多いのですが、
少々手間がかかるもの……。
でも、せっかくのご厚意、
いろいろな筍料理ができるよう、
時間をかけてゆっくりゆでて
アクのない筍に仕上げましょう。
淡泊な味なので、
和食はもちろん、
炒め物やパスタなど、
油とも相性がいい万能選手。
歯ごたえがよく、
アクセントになるので
ほかの食材と合わせると、
美味しいリズムが生まれます。

おかずの素

筍の水煮

アクをとるために米ぬかと唐辛子を加え、ゆっくりとゆで、またゆっくり冷ますことですっきりとした使いやすい水煮になります。

〈**材料**〉作りやすい分量

筍（新鮮なもの）…2本
米ぬか…ひとつかみ
赤唐辛子…1本

1 筍は先端の硬い部分を包丁で斜めに切り落とし（**a**）、皮に縦方向に切れ目を入れておく（**b**）。

2 大きな鍋に筍とかぶる程度の水（分量外）を入れ、米ぬかと赤唐辛子を入れて中火にかける（**c**）。

3 沸騰したら火を弱めて重めの落とし蓋をし（**d**）、1kg弱の筍は2時間ほど、それ以上なら3時間ほどゆでる。途中、ゆで汁が減ったら水を足し、竹串が中心まですーっと通ったら火を止め、そのまま一晩おく。

4 筍についたぬかを洗い流し、皮をむいて使いやすい大きさに切る。

保存方法

保存容器にゆで汁ごと入れ、ゆで汁に浸かっている状態で冷蔵庫へ。3日ほど保存可能。

a

b

c

d

筍と牛肉の炒め物

大きめに切った筍に牛肉のうま味をたっぷり
まとわせ、ご飯も進むご馳走に。

〈材 料〉4人分

牛小間切れ肉…100g

A オイスターソース、醤油、酒、みりん…各小さじ1

筍の水煮(▸p.17)…100g

わけぎ(または青ねぎ)…1本

ごま油…大さじ1

塩、こしょう…各少々

1 ボウルに牛肉とAを合わせ、軽くもんでおく。筍は食べやすい大きさに切り、わけぎは斜め切りにする。

2 フライパンにごま油を中火で熱し、1の牛肉を入れて炒める。火が通ったら筍を加え、1分ほど炒める。

3 塩、こしょうで味を調え、わけぎを加えてさっと混ぜ合わせる。

MEMO.
牛肉にオイスターソースベースの下味をなじませておくことで、うま味がアップ。さっと炒めるだけで美味しく仕上がります。

焼き筍ご飯

香ばしく焼くことで筍の風味が増し、
木の芽との香りの共演が楽しくなります。

〈材 料〉作りやすい分量

米…2合

筍の水煮(▸p.17)…150g

木の芽…少々

A だし…300mℓ
薄口醤油…大さじ2
みりん…大さじ1
酒…大さじ1
塩…少々

1 米はとぎ、浸るくらいの水(分量外)に浸けて1時間ほどおく(前日の晩に行い、冷蔵庫に入れておいてもOK)。

2 筍は食べやすい大きさに切り、焼き網やフライパンで焼き色がつくまで焼く。

3 1の水気をきって鍋に入れ、Aを入れて軽く混ぜ、2を上に散らす。

4 鍋を強火にかけ、沸騰したら弱火にして水分がなくなるまで10分ほど炊き、10分蒸らす。全体を切るように混ぜて盛りつけ、木の芽を散らす。

MEMO.
筍にこんがりと焼き色をつけてから炊きます。これだけで独特のえぐみが消えて風味が増し、いつもとは異なる筍ご飯に。

筍のピカタ

淡白な筍をハムで包んで
ボリュームアップ。

〈材 料〉6個分

筍の水煮（▸p.17／一口大に切る）…6切れ
薄力粉…適量
ハム…6枚

A
- 卵…1個
- 粉チーズ…大さじ1
- 塩、こしょう…各少々

オリーブオイル…大さじ1
イタリアンパセリ…適量

1 筍に薄力粉を薄くまぶしてハムで巻く。

2 Aの材料をよく混ぜ合わせておく。

3 フライパンにオリーブオイルを中火で熱し、1を2にくぐらせて巻き終りを下にして並べ入れ、両面焼き色がつくまで焼く。好みでパセリをのせる。

筍とわかめの梅和え

旬のわかめを使って
季節を感じる
みずみずしい一品に。

〈材 料〉4人分

筍の水煮（▸p.17）…80g
わかめ（塩蔵の場合は塩抜きする）…30g
梅干し…1個
薄口醤油…少々

1 筍、わかめは食べやすい大きさに切る。梅干しは種をとり、包丁で叩いてペーストにする。

2 ボウルに1を混ぜ合わせ、醤油を加えて味を調える。

筍とニラのつくね

春を迎えて香りが増すニラと
筍の食感がアクセントに。

〈材 料〉6個分

A
- 鶏挽き肉（もも）…150g
- 木綿豆腐…80g
- **筍の水煮**（▸p.17／みじん切り）…30g
- ニラ（みじん切り）…3〜4本分
- しょうが（すりおろし）…1/2かけ分
- 片栗粉…大さじ1
- 塩…ひとつまみ

油…大さじ1

B
- 醤油、酒、みりん…各大さじ1・1/2
- きび砂糖…大さじ1

1 ボウルにAの材料を入れてよく練り合わせ、6等分にして小判形に成形する。

2 フライパンに油を中火で熱し、1を並べて2〜3分焼く。焼き色がついたら裏返し、蓋をして2〜3分蒸し焼きにする。

3 火が通ったら混ぜ合わせたBを加え、汁気がなくなり、照りが出るまで煮詰める。

山菜《さんさい》

力強く大地から芽吹く
さまざまな山菜は、
冬の間に体内に滞った毒素の排出を促す
大切な力を持っています。
衣を一枚ずつ脱ぐかのように、
春は体の中も軽やかにしたいもの。
お弁当のおかずとして使いやすいのは
ふき、わらび、たらの芽。
アクが強いのも春ならではですが、
下ごしらえをしっかりしておけば
食べやすいおかずに変身します。
主役にはなりにくくても、
滋味深い味は懐かしく、ご飯も進みます。

おかずの素

山菜の下ゆで

アクを丁寧に処理すれば、えぐみのない
ほろ苦さがくせになる味に仕上がります。

ふきの水煮と葉の塩漬け

〈材料〉作りやすい分量

ふき…1束

塩…適量

1 ふきは葉と茎に切り分ける。

2 葉はかぶる程度の熱湯に塩ひとつまみを加えて1分ほどゆでて、水気を絞って塩少々を両面にふり、重ねて漬ける。

3 茎は使いやすい長さに切り、まな板にのせて塩大さじ1強をふる。手のひらでゴロゴロと転がしながらこすり合わせ、板ずりする（a）。

4 鍋にたっぷりの湯（分量外）を沸かし、3を塩がついたまま入れ、細いものは3分、太いものは5分ほどゆでる（b）。

5 4をざるにとり、皮をむく（c）。2～3㎝ほどを一周むき、皮を一つにまとめて一気に引くとむきやすい。

わらびの水煮

〈材料〉作りやすい分量

わらび…1束（300g）　重曹…大さじ1

1 わらびは根の硬い部分を切り落とす（d）。

2 鍋に水1ℓ（分量外）を沸かし、重曹を入れて混ぜ、わらびを加えて30秒～1分ゆでる（e）。そのまま冷まして一晩おき、新しい水に浸けて保存する。

たらの芽の塩ゆで

〈材料〉作りやすい分量

たらの芽…20個　塩…ひとつまみ

1 たらの芽は硬い外葉を取り除く（f）。

2 鍋にたらの芽がかぶる程度の湯（分量外）を沸かし、塩を加えてたらの芽を1分ほどゆでる（g）。ざるにとって水気をきり、冷めたら保存容器に入れる。

保存方法

ふきの茎とわらびは、保存容器で水に浸けた状態で保存し、毎日水を替えて、冷蔵で3～4日、ふきの葉はラップに包んで保存袋に入れて冷蔵で2週間。たらの芽は冷蔵で3～4日保存可能。

a

b

c

d

e

f

g

ふきの葉の巻きおにぎり

ご飯に混ぜた赤紫蘇の酸味と香りが
ふきのほろ苦さとよく合います。

〈**材 料**〉大きめ1個分

ふきの葉の塩漬け（›p.21）…1枚
ご飯（温かいもの）…茶碗に軽く1杯
赤紫蘇のふりかけ…小さじ1

1 ふきの葉は塩気が強い場合は水洗いし、水気をふきとる。

2 ご飯にふりかけを加えてよく混ぜ合わせ、好みの形に握ってふきの葉で包む。

MEMO.
ふきの葉は茎よりも香りが豊かなので捨てずに塩漬けに。細かく刻んで混ぜたり、炒めてふりかけのようにしても美味しいです。

わらびとささみの炊き込みご飯

ささみと昆布のだしでシンプルに。
わらびの食感でリズムが生まれます。

〈**材 料**〉作りやすい分量

米…2合
水…1・1/2カップ
昆布…5㎝角1枚
わらびの水煮（›p.21）…100g
にんじん…5㎝
ささみ…2本
塩…少々
A 薄口醤油…大さじ2
酒、みりん…各大さじ1

1 米はとぎ、材料の水、昆布と合わせて1時間ほど浸けておく（前日の晩に行い、冷蔵庫に入れておいてもOK）。

2 わらびは2㎝幅に切り、にんじんは細切りにする。ささみは細切りにし、塩をふっておく。

3 鍋に**1**と**2**、**A**を入れて軽く混ぜ、強火にかける。沸騰したら弱火にして水分がなくなるまで10分ほど炊き、10分蒸らす。全体を切るように混ぜ、好みでおにぎりを握る。

MEMO.
ほかの食材と一緒に炊いてうま味を引き出します。ささみは淡白ですが上品なだしが出て、わらびの風味を引き立てます。

ふきの土佐煮

ふきのほろ苦さと柔らかな食感を生かし
さっと煮て、鰹節で香り豊かに。

〈材 料〉 4人分

ふきの水煮（▸p.21）
…150g

A | 水…1カップ
薄口醤油…小さじ2
酒、みりん…各小さじ1

鰹節…軽くひとつかみ

1 ふきは食べやすい大きさに切る。

2 鍋にAを入れて中火にかけ、煮立ったら1を加えて汁気がなくなるまで煮る。

3 仕上げに鰹節を加え、さっと混ぜ合わせる。

わらびとじゃこのきんぴら

この時期美味しいじゃこと一緒に炒めます。
どちらも油のなじみがよくコクが増します。

〈材 料〉 4人分

わらびの水煮（▸p.21）
…150g

ごま油…大さじ1

赤唐辛子（小口切り）
…2〜3切れ

ちりめんじゃこ…25g

A | 薄口醤油…小さじ1
みりん、酒…各大さじ1

1 わらびは食べやすい大きさに切る。

2 フライパンにごま油と赤唐辛子を入れて中火で熱し、わらびとじゃこを加えて炒める。油が全体になじんだらAを加えて汁気がなくなるまで炒める。

たらの芽のごま和え

塩ゆでを和え衣でシンプルに和えるだけ。
たらの芽の苦味がごまで和らぎます。

〈材 料〉 作りやすい分量

A | すり白ごま…大さじ1
薄口醤油、きび砂糖
…各小さじ1

たらの芽の塩ゆで（▸p.21）
…20個

1 ボウルにAを入れて混ぜ合わせ、たらの芽を加えてよく和える。

春の豆

ふかふかの布団に
包まれているかのような空豆。
薄衣に整列している
ふっくらとしたグリンピースや
スナップえんどう。
青々とした豆たちは、
幾通りにも自由自在に変化する
シンプルな塩ゆでにしておきます。
ある日はご飯へ、
豆の風味が溶け込んだゆで汁ごと。
ある日は炒め物へ、
シャキシャキ感やほっくり感が
いいアクセントに……。
華やかな豆たち。
その姿は愛らしく、お弁当でも
目を引く存在となるでしょう。

おかずの素

豆の塩ゆで

みずみずしさや鮮やかさを損なわないよう、ゆですぎには注意しましょう。

そら豆

〈材料〉作りやすい分量

そら豆（さやつき）…500g
水…3カップ
塩…大さじ$\frac{1}{2}$

1 そら豆はさやから出し（**a**）、黒い部分に包丁をあて、浅く切り込みを入れる（**b**）。

2 鍋に水を入れて沸かし、塩を加えて**1**を入れ、2〜3分ゆでてざるにとる。

3 粗熱がとれたら内皮をむく。

スナップえんどう

〈材料〉作りやすい分量

スナップえんどう…150g
塩…ひとつまみ

1 スナップえんどうは筋をとる（**c**）。

2 鍋にスナップえんどうがかぶる程度の湯（分量外）を沸かし、塩を加えてスナップえんどうを入れ、約1分ゆでる。ざるにとり、そのまま冷ます。

グリンピース

〈材料〉作りやすい分量

グリンピース（さやつき）…300g
塩…小さじ$\frac{1}{2}$
水…2カップ

1 グリンピースはさやから豆を取り出し（**d**）、塩をまぶす。さやはとっておく。

2 鍋に水とさやを入れて弱火にかけ、沸騰したらさやを取り出して豆を入れ、2分ほどゆでて（**e**）そのまま冷ます。

a

b

c

d

e

保存方法

保存袋や保存容器に入れ、そら豆は冷蔵で4〜5日、スナップえんどうは3〜4日。グリンピースはゆで汁ごと入れて冷蔵で3〜4日保存可能。

スナップえんどうとゆで卵のサラダ

卵とマヨネーズのいつものサラダに
スナップえんどうを加えるだけで春色に。

〈材 料〉4人分

スナップえんどうの塩ゆで（›p.25）…8個
ゆで卵…2個

A | マヨネーズ…大さじ1
粒マスタード
…小さじ1/2〜1
塩、こしょう…各少々

1 スナップえんどうは筋の部分から半分に割る。ゆで卵は手で大きめに割る。

2 ボウルに1とAを入れ、さっくりと混ぜ合わせる。

スナップえんどうの豚肉巻き

定番のアスパラ巻きをスナップえんどうで。
プチプチとした食感が心地いいアクセントに。

〈材 料〉4個分

豚バラ薄切り肉…4枚
塩、こしょう…各少々
スナップえんどうの塩ゆで（›p.25）…12個
油…小さじ1

1 豚肉は塩、こしょうで下味をつける。

2 1を広げ、手前にスナップえんどうを3個ずつのせて巻く。

3 フライパンに油を中火で熱し、2を巻き終わりを下にして並べ、豚肉に火が通るように転がしながら焼く。

そら豆とクリームチーズのサモサ

クリームチーズとそら豆が相思相愛。
冷めても美味しく、パンやパスタにも合います。

〈材 料〉6個分

春巻きの皮…2枚
そら豆の塩ゆで（›p.25）…12個
クリームチーズ…約30g
水溶き薄力粉
（薄力粉と水を1:1で溶く）
…少々
揚げ油…適量
塩…少々

1 春巻きの皮は縦3等分にする。

2 1の手前にそら豆2個とクリームチーズを約小さじ1ずつのせる。三角形になるように巻き、巻き終わりに水溶き薄力粉を薄く塗って閉じる。

3 揚げ油を中温に熱し、2を入れて3〜4分揚げてバットにとり、油をきる。仕上げに好みで塩をふる。

グリンピースと新玉ねぎ、かにのピラフ

色鮮やかで主役になる春のピラフ。
甘みが増す新玉ねぎとかにがいい脇役に。

〈材 料〉作りやすい分量

米…2合
オリーブオイル…大さじ2
新玉ねぎ(みじん切り)…1/8個分

A
- かにの身(缶詰、またはゆでたもの)…60g
- グリンピースのゆで汁(▸p.25)…360mℓ
- ローリエ…1枚
- 塩…小さじ1/2

グリンピースの塩ゆで(▸p.25)…150g
バター…10g
こしょう…少々

1 米はとぎ、浸かる程度の水(分量外)に1時間ほど浸けておく。(前日の晩に行い、冷蔵庫に入れておいてもOK)。

2 フライパンにオリーブオイルを中火で熱し、新玉ねぎを入れて透き通るまで炒める。

3 鍋に水気をきった米、**A**、**2**を入れて強火にかける。沸騰したら弱火にして水分がなくなるまで10分ほど炊く。グリンピースを加えて10分蒸らし、バター、こしょうを入れて切るように混ぜる。

MEMO.
さやもゆでてうま味を丸ごと移したゆで汁をだし代わりに使用します。冷凍食品では味わえない手作りならではの美味しさ。

そら豆といかの炒め物

旬のいかと一緒にシンプルな炒め物に。
うま味が強いので味つけは塩こしょうで十分。

〈材 料〉作りやすい分量

むぎいか…3杯
(なければ、するめいか1杯)
オリーブオイル…大さじ1
にんにく…1/2かけ
そら豆の塩ゆで(▸p.25)…80g
塩、こしょう…各少々

1 いかは胴体と足に分け、内臓を取り出して好みで皮をむく。胴は輪切りに、足は食べやすい大きさに切る。

2 フライパンにオリーブオイル、にんにくを入れて弱火にかけ、香りが立ったら**1**を加えて炒める。火が通ったらそら豆を加え、塩、こしょうで味を調える。

MEMO.
いかは春から初夏に出まわるむぎいかがおすすめ。するめいかの子どもで身が柔らかく、また小さくて扱いやすいのでお弁当向きです。

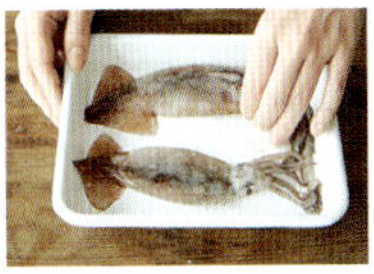

春のペースト

今か今かと待ちわび、
芽吹いたものは、
春の訪れを宣言する、
たくましい香り。
上手に芳しさを閉じ込め、
気軽に楽しめるようにします。

ふきのとう味噌

独特のほろ苦さが
コクのある味噌とごま油に絡み、
食欲をわかせてくれます。
おにぎりにつければ何個でも食べられそう。

〈材料〉 作りやすい分量

ふきのとう…100g
ごま油…大さじ1
A
味噌…大さじ3
みりん…大さじ2
酒、きび砂糖…各大さじ1

1 ふきのとうは外側の葉を1枚外し、熱湯で1～2分ゆでる。冷水にとり、10分ほど浸けてアクを抜き、水気を絞り、粗みじん切りにする。

2 フライパンにごま油を中火で熱し、**1**を入れて炒める。全体に油がなじんだら**A**を加えて混ぜ、ひと煮立ちしたら火を止める。

保存方法

冷めたら保存容器に入れ、冷蔵で2週間保存可能。

美味しい使い方

○ 新じゃがフライ

小さめの新じゃがいもを半分に切り、中温で火が通るまで素揚げする。バットにとって油をきり、ふきのとう味噌を絡める。

○ 味噌おにぎり

温かいご飯でおにぎりを作り、ふきのとう味噌をのせる、または塗る。

木の芽オイル

香り高く柔らかい春の木の芽を、時間が経っても風味を損なわないようオリーブオイルに封じ込めます。オイルをまとった春らしい一品に。

〈材料〉作りやすい分量

木の芽…約60枚

A
- オリーブオイル…150mℓ
- 赤唐辛子（小口切り）…3〜4切れ
- 塩…小さじ1/4

1 木の芽はみじん切りにして保存瓶に入れ、**A**を加えてよく混ぜ合わせる。

保存方法

密閉できる保存瓶に入れて、常温で2カ月保存可能。

美味しい使い方

○春キャベツのマリネ

キャベツ2〜3枚はさっと塩ゆでし、水気を絞って一口大に切る。木の芽オイル、レモン汁、塩、こしょう各少々で和え、レモンの皮少々を散らす。

○ショートパスタ和え

ショートパスタ100gは表示通りにゆで、木の芽オイル、塩、こしょう、パルミジャーノレジャーノ各少々で和える。

あさり

娘が小さかったころ、
ゴールデンウイークの大潮には
我が家からほど近い浅瀬まで
潮干狩りへ。
童心に帰り、時間も忘れ、
娘のことも忘れそうに
なりながら没頭すること
一時間あまり。
微笑みながら
バケツいっぱいの
あさりを見て、
いくつもの料理を
考えたことがありました。
あさり料理は我が家の
春の思い出の味です。

おかずの素

あさりの酒蒸し

うま味を引き出す酒蒸しは
身がふっくらとし、
煮汁も活用できて便利です。

〈材料〉作りやすい分量

あさり（砂抜きしたもの）…３００g
酒…$\frac{1}{2}$カップ

1 鍋にあさり、酒を入れて蓋をし、中火にかける。あさりが開いたら火を止め、そのまま冷まして身を取り出す。

保存方法

残った煮汁に浸けて保存容器に入れ、煮汁に浸かった状態で冷蔵で3〜4日保存可能。

あさりとアスパラの混ぜご飯

酒蒸しの美味しい煮汁を使って炊き上げます。
あさりの身は縮まないように最後に混ぜて。

〈材 料〉 作りやすい分量

米…2合
アスパラ…2本
A | 水+**あさりの酒蒸しの煮汁**（▸p.30）…合わせて330mℓ
薄口醤油…大さじ2
昆布…5㎝角1枚
あさりの酒蒸し（▸p.30）…全量

1 米はとぎ、浸かる程度の水に1時間ほど浸けておく。（前日の晩に行い、冷蔵庫に入れておいてもOK）。
2 アスパラは下の硬い部分をそぎ、穂先を残して1㎝幅に切る。穂先は縦半分に切る。
3 鍋に水気をきった米、A、薄口醤油、昆布を加えて軽く混ぜ、強火にかける。沸騰したら弱火にして水分がなくなるまで10分ほど炊く。
4 炊き上がったらあさりの身とアスパラを加えて蓋をし、10分蒸らして切るように混ぜる。

あさりの時雨煮

おなじみの時雨煮にも旬のあさりを使えば
身が大きくて格段に美味しく仕上がります。

〈材 料〉 作りやすい分量

あさりの酒蒸し（▸p.30）…全量（煮汁も含む）
しょうが（千切り）…1かけ分
醤油、砂糖、みりん…各大さじ1

1 小鍋にあさりの身以外の材料を入れて中火にかけ、煮汁が半量になるまで煮る。
2 あさりの身を加え、汁気がなくなるまで煮る。

あさりと切り干し大根の煮物

酒蒸しの煮汁をだし代わりにするだけで
いつもの切り干し大根が上品な味わいに。

〈材 料〉 4人分

切り干し大根…100g
にんじん…1/4本
A | **あさりの酒蒸しの煮汁**（▸p.30）…1/2カップ
  | 醤油、みりん…各小さじ2
  | きび砂糖…小さじ1
あさりの酒蒸し（▸p.30）…全量

1 切り干し大根はかぶる程度の水に15分浸けて戻し、水気を絞っておく。にんじんは千切りにする。
2 鍋に1とAを入れて中火にかけ、汁気が少なくなるまで煮る。あさりの身を加えて、さらに汁気がなくなるまで煮る。

鰆《さわら》

青魚の風味と白身魚のような身。
主人は何かにつけ食べたがりますが、
娘は興味を示しません。
切り身を塩焼きにしてお弁当に入れると、
あまり評判がよくないので、
大きさを変えたり、ほぐしたり、
目線を変えることで、
食べやすくなる工夫を。
また、調味料で漬けておくと
時間が経ってもうま味、水分が逃げず、
身もふっくら仕上がります。
臭みも出ず、ご飯も進み、
お弁当にはもってこいです。

おかずの素

鰆の醤油漬け

メインになったり、ほぐして使ったりとアレンジが効きます。艶のある身の締まった切り身を選びましょう。

保存方法

保存袋に入れて密閉し、冷蔵で4〜5日保存可能。

〈材料〉4人分

鰆（切り身）…2〜3切れ
塩…少々
A 醤油、酒、みりん…各大さじ1

1 鰆は塩をふって（**a**）15分おき、出てきた水分をペーパータオルで軽くおさえる（**b**）。

2 バットまたは保存袋に鰆を入れ、**A**を加えて（**c**）冷蔵庫に一晩おく。バットの場合は途中で裏返す（**d**）。

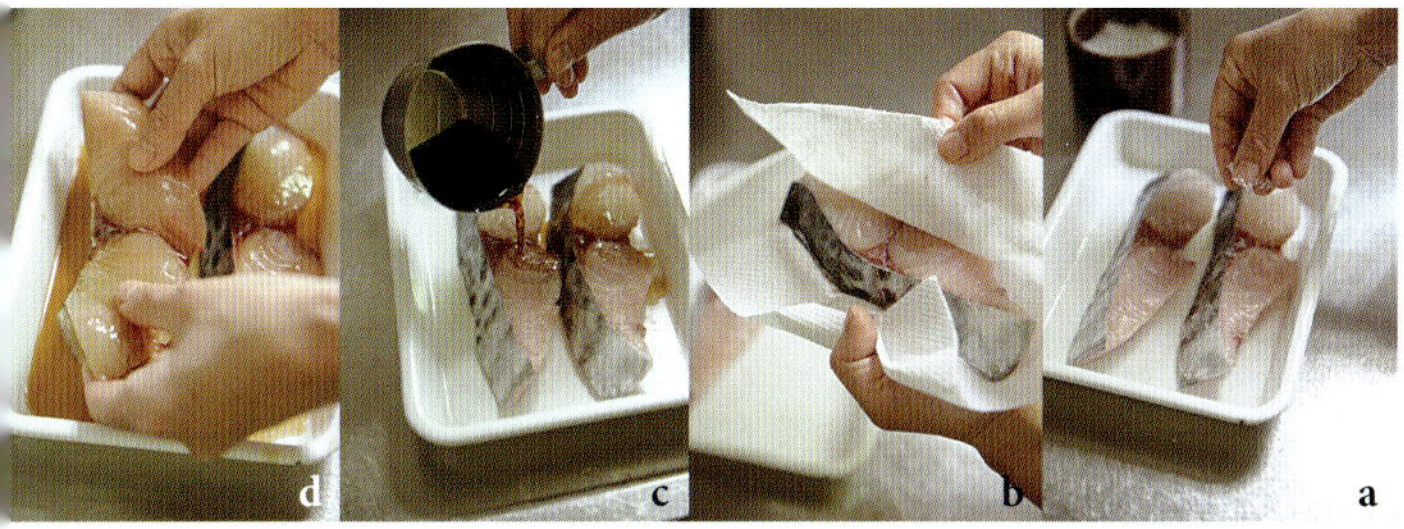

蒸し鰆とせりの和え物

ふっくら蒸した鰆と
青々としたせり。
旬をごま風味でまとめます。

〈材 料〉4人分

鰆の醤油漬け（▶p.33）…1切れ
せり…1/4束

A ごま油…大さじ1/2
白炒りごま、塩…各少々

1. 鰆は器にのせ、蒸気がたっぷり上がった蒸し器に入れて6〜7分蒸し、粗熱をとって身をほぐす。せりは食べやすい大きさに切る。
2. ボウルに**1**と**A**を合わせ、よく和える。

焼き鰆

醤油漬けなら焼き魚も香ばしく
ご飯が進んで喜ばれます。

〈材 料〉4切れ分

鰆の醤油漬け（▶p.33）…2切れ

1. 鰆は水気をふいて半分に切り、魚焼きグリルまたはオーブンで火が通るまで焼く。

鰆のフリット

炭酸水を入れた衣をまとわせ
さっくり&ふんわり仕上げます。

〈材 料〉8個分

鰆の醤油漬け（▶p.33）…2切れ

A 薄力粉、炭酸水（冷たいもの）…各1カップ
青海苔…少々

揚げ油…適量

1. 鰆は4等分に切り、水気をふく。
2. **A**はボウルに入れてよく混ぜ合わせておく。
3. 揚げ油を中温に熱し、**2**をつけた**1**を静かに入れ、3〜4分火が通るまで揚げる。バットにとり、油をきる。

鰆のレモンマリネ

鰆を焼いてレモンではさむだけの簡単マリネ。
食べるころには味もしっかりなじんでいます。

〈材 料〉4切れ分

鰆の醤油漬け（▸p.33）…2切れ
レモン（スライス）…8切れ

1 鰆は水気をふいて半分に切り、魚焼きグリルまたはオーブンで火が通るまで焼く。
2 熱いうちにレモンではさむ。

MEMO.
焼き立ての熱いうちにレモンではさむことで、レモンの酸味と香りが鰆にしっかり移りさっぱりいただけます。このままラップをして作りおきしても。

鰆のフレークとしば漬けの混ぜご飯

ほぐした鰆としば漬けに旬のクレソン。
意外性のある食材が美味しくまとまります。

〈材 料〉茶碗2杯分

鰆の醤油漬け（▸p.33）…1切れ
しば漬け…20g
クレソン…4本
ご飯（温かいもの）…茶碗2杯分
A｜白炒りごま、塩…各少々

1 鰆は水気をふき、魚焼きグリルまたはオーブンで火が通るまで焼き、身をほぐす。しば漬け、クレソンは細かく刻む。
2 ご飯に**1**と**A**を加えてよく混ぜる。

MEMO.
醤油漬けを焼いてほぐせば、しっかり味の贅沢なフレークに。鮭よりもふんわりしていて上品な味わいなので、ほかの食材の風味も生かしてくれます。

春の一品主役弁当

主役は可愛らしい春野菜たち。
定番のお弁当に、新物の色鮮やかな野菜を
取り入れてお腹も心も満足感ある仕上がりに。

桜海老と春キャベツのそば飯弁当

忙しい朝でもちゃちゃっと作れる我が家のお助け弁当がこちら。
桜海老や甘酢漬けでリズムをつけ、季節の野菜で栄養も補います。

〈**材 料**〉2人分

油…大さじ2
焼きそば麺…1玉
ご飯（温かいもの）…茶碗1杯分
桜海老…20g
春キャベツ…2枚
ウスターソース、
または中濃ソース…大さじ3〜4
塩、こしょう…各少々
目玉焼き…2個
新しょうがの甘酢漬け、
鰹節、青海苔…各少々

1 フライパンに油を中火で熱し、麺をほぐしながら加えて炒める。油がまわったらコテやヘラで麺を細かく刻み、ご飯、桜海老、一口大に切ったキャベツを加えてさらに炒める。

2 キャベツがしんなりしたらソース、塩、こしょうで味を調え、器などにとる。

3 粗熱がとれたらお弁当箱に詰め、目玉焼き、新しょうがの甘酢漬けをのせ、鰹節、青海苔を散らす。

POINT.
そば飯には大きめのスッカラが必須。小さな手下げバッグの持ち手をキュッと結び、クロス代わりにしても。

春野菜のナムルのっけ弁当

この季節はにんじんも葉つきで手に入るので、それぞれをナムルに。
定番そぼろと炒り卵、スナップえんどうをのせて彩やかに仕上げます。

〈材 料〉 2人分（そぼろは作りやすい分量）

《鶏そぼろ》
鶏挽き肉（もも）…150g
醤油…大さじ1・1/2
きび砂糖…大さじ1
酒、みりん…各大さじ1/2

《炒り卵》
卵…2個

A 豆乳、または牛乳…大さじ1
薄口醤油…小さじ1
塩…ひとつまみ

《にんじんのナムル》
新にんじん…1/2本

B しょうが（すりおろし）…1/2かけ
白炒りごま、ごま油…各小さじ2
醤油…小さじ1

《にんじんの葉のナムル》
新にんじんの葉…1本分

C しょうが（すりおろし）…1/4かけ
白炒りごま、ごま油…各小さじ1
醤油…小さじ1/2
コチュジャン…少々

ご飯（温かいもの）…茶碗2杯分
スナップえんどうの塩ゆで
（▸p.25）…適量

1 鶏そぼろを作る。鍋にすべての材料を入れてよく混ぜ合わせ、中火にかけて汁気がなくなるまで混ぜながら煮る（▸p.78）。

2 炒り卵を作る。ボウルに卵を割りほぐし、**A**を加えてよく混ぜる。フライパンに流し入れて弱火にかけ、3膳分の菜箸で絶えずかき混ぜながらポロポロになるまで炒める。

3 にんじんのナムルを作る。にんじんは千切りにし、さっと湯通しして水気を絞り、**B**を加えてよく和える。

4 にんじんの葉のナムルを作る。にんじんの葉は食べやすい大きさに切り、さっと湯通しして水気を絞り、**C**を加えてよく和える。

5 お弁当箱にご飯をよそって平らにならし、上に**1**～**4**、スナップえんどうをバランスよくのせる。

POINT.
和になりがちなわっぱですが、娘に持たせるときは爽やかな「F/style」のあづま袋で包んでカジュアルに。

にんじんドレッシングのサラダ弁当

冬を越した春にんじんは甘みが強くドレッシングにもおすすめ。
旬の香り野菜と一緒にすりおろせば、栄養満点の一品に。

〈材 料〉2人分（ドレッシングは作りやすい分量）

《にんじんドレッシング》
新にんじん…1本
新玉ねぎ…1/8個
セロリ（茎の部分）…5cm
油…大さじ3
酢…大さじ2・1/2
薄口醤油…大さじ1/2
塩小さじ…1/4

《サラダ》
ベーコン…4枚
アスパラ…4本
ゆで卵…2個
ディル…少々
グリーンリーフなど好みの
フレッシュハーブや葉物…各適量
好みのパン…適量

1 ドレッシングを作る。野菜は薄切りにし、すべての材料をミキサーに入れてなめらかになるまで攪拌する。※保存容器に入れて冷蔵庫で1週間ほど保存可能。

2 サラダを作る。ベーコンは食べやすい大きさに切り、フライパンでカリカリに焼く。アスパラは縦半分に切ってゆでる。残りの野菜とゆで卵は食べやすい大きさに切る。

3 弁当箱にざっくりと混ぜ合わせた2を盛り、1とパンを添える。食べるときに1をかけていただく。

POINT.
サラダは軽いタッパー、ドレッシングは保存瓶に入れて。「マーガレット・ハウエル」のクロスのグリーンをポイントに。

新じゃがのポテトサンド弁当

新じゃがと新玉ねぎの新物コンビで作るポテサラをサンド。
ビネガーを加えた爽やかな味わいが春の気分にしっくりきます。

〈材 料〉2人分

新じゃがいも…大2個
きゅうり…1/4本
ハム…2枚
新玉ねぎ…1/16個
オリーブ…3〜4個

A | マヨネーズ…大さじ2
粒マスタード、
白ワインビネガー…各小さじ1
塩、こしょう…各少々

サンドイッチ用食パン…8枚
マヨネーズ、からし…各少々

1 じゃがいもは皮つきのまま、湯気がたっぷり上がった蒸し器に入れ、潰せるくらい柔らかく蒸す。

2 きゅうりは薄切りにし、塩少々(分量外)でもみ、水気を絞る。ハムは食べやすい大きさに、新玉ねぎは薄切りに、オリーブは粗みじん切りにする。

3 **1**が熱いうちに皮をむいて潰し、**A**を混ぜ合わせて**2**を加える。しっかり混ぜ合わせて冷ましておく。

4 食パンの1枚にマヨネーズ、好みでからしを塗って**3**をのせ、もう1枚にマヨネーズを塗ってはさむ。残りも同様に作り、好みの大きさに切る。

POINT.
アルミのお弁当箱にフルーツパックを添え、「マーガレット・ハウエル」のリネンで包みます。

春のイベント弁当

凛と張り詰めた空気がゆるみ、
軽やかなさえずりが聞こえたら
温かな季節の始まりです。
いつもの散歩道で
桜の木をふと見上げると、
細い幹から薄いピンクの膨らみが。
今か今かと待ちわびていた開花が
いよいよ始まりそうです。
桜の下や近所の公園、少し足を伸ばして山へ。
楽しい宴を計画し、
あの人たちの好きそうなものをこしらえて。
ここぞとばかりに登場する
大きなお重に詰めるのもなんだか楽しい。
通勤や通学で作るお弁当とはまた違う、
作り手もどこか心躍るイベント弁当。
特にかしこまる必要はありませんが、
食べ慣れているものに、
季節が感じられるものを少しプラスして。
心に残る春のひと時にしたいものです。
食いしん坊の私の記憶に残っているのは、
春の景色より、春弁当のおかずの数々です。

きつねメンチ
筍の木の芽味噌和え
かぶと桜の塩漬け
鯛のそぼろご飯
スナップえんどうとゆで卵のサラダ
›p.26

鯛のそぼろご飯

〈材 料〉5～6人分

鯛(切り身)…2切れ

A | 酒、薄口醤油、みりん…各大さじ1・1/2
  | 水…1/2カップ

ご飯…茶碗3杯程度

花穂…適量

1 鯛は皮、骨、血合いを取り除き一口大に切る。

2 鍋に1とAを入れて中火にかける。菜箸で鯛の身をほぐすように混ぜながら汁気がなくなり、ポロポロになるまで煮る。

3 弁当箱にご飯を詰め、2を上に敷き詰めて花穂を飾る。

きつねメンチ

〈材 料〉6個分

油揚げ…3枚

A | 鶏挽き肉…150g
  | 大葉(千切り)…2枚分
  | しょうが(すりおろし)…1かけ分
  | 片栗粉、醤油…各大さじ1
  | 味噌…小さじ1
  | 塩…小さじ1/3

揚げ油…適量

1 油揚げは熱湯をかけて油抜きし、冷めたら水気を絞って半分に切る。丸い箸などをころころと転がして切り口を開く。

2 Aの材料を粘りが出るまでよくこね、6等分にする。1の油揚げに手で押しながらぎゅっと詰め、中身が出ないように口を折り曲げ、爪楊枝で留める。

3 揚げ油を中温に熱して2を入れ、中身に火が通るまで7～8分揚げて油をきる。好みでからし(分量外)をつけて食べる。

かぶと桜の塩漬け

〈材 料〉作りやすい分量

かぶ…2個

桜の花の塩漬け(塩がついたまま)…8～10個

昆布…3㎝角1枚

梅干し(刻む)…大1個分

1 かぶは皮をむいて半分に切り、薄切りにする。

2 ボウルに1と桜の花の塩漬けを入れて軽くもみ、昆布を加えて冷蔵庫で半日以上寝かせる。

3 弁当箱に入れる直前に2を両手でぎゅっと絞って汁気を除き、梅干しを混ぜて盛りつける。

筍の木の芽味噌和え

〈材 料〉5～6人分

筍の水煮(›p.17)…200g

A | だし…1/2カップ
  | 酒、みりん、薄口醤油…各小さじ1

B | 木の芽(刻む)…10枚分
  | 白味噌…大さじ3
  | きび砂糖…大さじ1

1 筍は一口大に切り、水気をきっておく。

2 鍋にAの材料を入れてひと煮立ちさせ、1を加えて汁気がなくなるまで煮る。

3 ボウルにBを入れてよく混ぜ合わせ、粗熱をとった2を加えてよく和える。

夏

Summer

恵みの雨が上がり、
湿った大地から勢いよく深い緑が生い茂る。
まとわりつくような熱気と、
照りつける光がさんさんと注がれる。
さあ、わくわくする季節の到来です。
心にまかせて行動的になる分、バテやすいこの季節。
よっぽどのことがない限り食欲を無くさない家族も、
猛暑のころは、ご飯の進みが悪かったり、
重いおかずはあまり手にとらなかったり。
だからお弁当はご飯よりも、
冷たいうどんやそばがいいとリクエストされます。
ただ、それだけでは心配。
太陽の恵みをいっぱい浴びた野菜たちは、
水分も多く、夏バテに効果があったり、体を冷やしてくれるものも。
お酢は食欲増進や防腐効果のある調味料。上手く活用したいものです。
夏休みになれば、学生の娘は部活動の日以外はお弁当いらずですが、
主人は夏も毎日お弁当。
夏弁当で夏バテせずに乗り切ってほしいですね。

夏の旬弁当

ツナピラフ
▸p.56

新しょうがと塩鯖の
玄米ちらし
▸p.59

鯵と大葉の
フライ
▸p.65

かぼちゃと
ナッツのサラダ
▸p.67

干しきゅうりとベビー帆立の
塩麹炒め ▸p.51

干しきゅうりと
もやしのナムル
▸p.51

とうもろこしの
肉団子
▸p.53

とうもろこしご飯
›p.53

トマトソースのチキンライス
›p.61

新しょうがとオクラの肉巻き
›p.59

ツナと豆腐のパプリカ詰め
›p.56

ツナとマカロニのサラダ
›p.57

ツナとひじきのマリネ
›p.57

きゅうりの塩もみと板麩の酢の物
›p.50

きゅうり

ご近所の庭先では支柱に支えられ、
黄色い花をつけた大きなきゅうりが、
市場に行けば山盛りの
青々としたきゅうりが目を引きます。
そのつもりがなくても、
その安さに、あれば使うかな？と、
つい買ってしまいます。
みずみずしさがいいところですが、
お弁当には少し水っぽくなって
しまうこともあります。
そんなときはちょっとした下ごしらえで
使いやすく、保存もぐんと長持ちに。
きゅうりの特徴を生かしつつ、
お弁当に活用しましょう。

おかずの素

きゅうりの塩もみと干しきゅうり

薄く切って塩をふり、十分に水分を出しましょう。絞ってさらに水分を除けば、時間が経っても大丈夫。

塩もみ

〈材 料〉 作りやすい分量

きゅうり…2本　塩…小さじ1/2

1 きゅうりは薄切りにする。

2 ボウルに入れて塩をふり、手で軽くもみ（**a**）、保存袋に移して冷蔵庫で保存する。使う前に両手でぎゅっと水気を絞る（**b**）。

干しきゅうり

〈材 料〉 作りやすい分量

きゅうり…2本

1 きゅうりは縦半分に切り、小さなスプーンなどで種をかき出し（**c**）、斜め細切りにする（**d**）。

2 ざるや網に重ならないように並べ、天日干しする（**e**）。天気のいい夏場なら2日ほど干し（夜は室内に入れる）、表面が乾いて中が完全に乾いてない程度のセミドライに仕上げる。

保存方法

塩もみは、保存袋に入れて冷蔵庫で3〜4日、干しきゅうりは保存袋に入れて冷蔵庫で4〜5日保存可能。

a

b

c

d

e

きゅうりの塩もみと板麩の酢の物

柔らかな板麩が少ししんなりとした
きゅうりの食感を引き立てます。

〈材 料〉2〜3人分

板麩（細切りのもの）…20g
きゅうりの塩もみ（›p.49）…40g

A
白炒りごま…大さじ1
味噌…小さじ1/2
米酢…大さじ1
きび砂糖…小さじ1

1 板麩は水に5分ほど浸けて戻し、水気を両手でぎゅっと絞る。きゅうりは両手で水気をぎゅっと絞り、板麩と混ぜておく。

2 ボウルに**A**を入れてよく混ぜ合わせ、**1**を加えてよく和える。

MEMO.
板麩を使うことで味が入りやすくなり、時間が経ってもしっかり味をキープ。余分な水分も吸ってくれるので汁気対策にもおすすめ。

きゅうりの塩もみと クリームチーズのサンド

コクのあるチーズとさっぱりきゅうり。
メリハリのある味は食欲がないときにも◎。

〈材 料〉小さめのバゲット1本分

きゅうりの塩もみ（›p.49）…1本分（1/2量）

A
クリームチーズ…50g
ディル（刻む）…2本分

バゲット（約20cm）…1本
オリーブオイル…適量
練りからし、または粒マスタード…少々
粗挽き黒こしょう…少々

1 きゅうりは両手で水気をぎゅっと絞る。**A**はよく混ぜ合わせておく。

2 バゲットはサイドから縦に切り込みを入れて開き、切り口にオリーブオイルとからしを塗る。

3 下になる方に**A**を塗り、**1**のきゅうりをまんべんなくのせ、こしょうをふってはさむ。

MEMO.
オリーブオイルを塗って水気対策に。その上に刻んだディルを合わせた爽やかなクリームチーズを、マヨネーズ代わりにたっぷり塗ります。

干しきゅうりとベビー帆立の塩麹炒め

干しきゅうりが麹と帆立のうま味を吸って
生で使うより格段に美味しく仕上がります。

〈材 料〉2～3人分

ベビー帆立…6個
塩、こしょう…各少々
ごま油…大さじ1
塩麹…小さじ1・1/2
干しきゅうり
(▸p.49)…40g

1 ベビー帆立は軽く塩、こしょうをふる。

2 フライパンにごま油を熱し、1を入れて強火で炒める。全体に油がなじんだら塩麹、きゅうりを加え、さっと絡めるように炒める。

干しきゅうりの海苔巻き

ぽりぽりと食感が楽しい干しきゅうりと
爽やかなレリッシュで夏のかっぱ巻きに。

〈材 料〉細巻き1本分

海苔(全型)…1枚
ご飯(冷ましたもの)
…茶碗1杯分
干しきゅうり
(▸p.49)…40g
新しょうがのレリッシュ
(▸p.58)…30g

1 巻きすに海苔をしき、ご飯を全体に広げてのせる。

2 手前にきゅうり、汁気をきったレリッシュを並べてのせ、巻きすを持って手前から巻く。食べやすい大きさに切り分ける。

干しきゅうりともやしのナムル

さっぱりいただける夏のナムルです。
少し辛味を加えて食欲もアップ。

〈材 料〉2～3人分

豆もやし…80g
A しょうが(すりおろす)
…1/2かけ分
薄口醤油、
白炒りすりごま、
ごま油…各小さじ1
豆板醤、塩
…各少々
干しきゅうり
(▸p.49)…40g

1 豆もやしはひげ根をとり、たっぷり湯気の上がった蒸し器に平たく並べ、強火で約1分蒸す。

2 ボウルにAを入れてよく混ぜ合わせ、きゅうり、1を入れてよく和える。

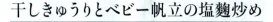

とうもろこし

甘くてリズム感のいい歯ごたえ。娘も私も大好きです。鮮やかな黄色で彩りもよく、蒸して切って詰めるとお弁当のスペースが埋まるので、作り手としては嬉しいですが、それだけでは飽きてしまいますね。甘さと粒々の食感を生かして食材に混ぜてみるのもおすすめです。

意外と鮮度が落ちやすく甘みも変わってくるので、粒々がそろっていて茎の切り口がみずみずしいものを選びましょう。

おかずの素

蒸しとうもろこし

うま味を逃さないように切らずに丸ごと蒸します。ゆでるより、味が濃厚に。

〈**材 料**〉作りやすい分量
とうもろこし…2本
塩…小さじ1/2

1 とうもろこしは皮とヒゲをとり、塩をまんべんなくもみ込む。

2 湯気がたっぷり上がった蒸し器に入れ、中火で約15分蒸す。

3 粗熱がとれたら実を包丁でそぎ落としてほぐす。

保存方法
保存袋に入れて冷蔵で3～4日、冷凍で1カ月ほど保存可能。

とうもろこしの肉団子

粒々を練り込んだ見た目もかわいい肉団子。
プチッと実が弾けて甘みが広がります。

〈材 料〉2〜3人分

パン粉…1/4カップ
牛乳…40mℓ

A
- 合挽き肉…150g
- **蒸しとうもろこし**（▸p.52）…50g
- 玉ねぎ（みじん切り）…1/12個分
- 溶き卵…1/2個分

A
- ケチャップ…大さじ1/2
- 塩…小さじ1/2
- ナツメグ（あれば）、こしょう…各少々

オリーブオイル…大さじ1

B
- ケチャップ…大さじ2
- 中濃ソース、赤ワイン…各大さじ1

1 パン粉は牛乳に浸し、柔らかくなるまでおいておく。

2 ボウルに **1** と **A** を入れ、粘りが出るまでよく練り合わせ、一口大に丸める。

3 鍋にたっぷりの湯を沸かし、**2** を入れて約5分、火が通るまでゆでて水気をきる。

4 フライパンにオリーブオイルをひいて中火で熱し、**3** を炒める。ころころ転がして少し焼き色がついたら、**B** を加えてよく絡める。

MEMO.
揚げて時間をおくと硬くなるので、お弁当にはゆでる方法がおすすめ。ゆでた状態で保存しておけば朝は炒めるだけで時短にも。

とうもろこしご飯

暑い季節に食べたくなる夏色ご飯。
みょうがを加えてほんのり大人味に。

〈材 料〉茶碗2杯分

ご飯（温かいもの）…茶碗2杯分
蒸しとうもろこし（▸p.52）…50g
ちりめんじゃこ…20g
みょうが（小口切り）…2個分
塩…少々

1 ボウルにご飯を入れ、残りの材料を加えて混ぜ合わせる。

MEMO.
炊き込まなくても混ぜるだけで作れる簡単レシピ。ほんの少しの塩を加えるととうもろこしの甘みが引き立ちます。

鰹《かつお》

初夏になると、小ぶりながら
ぷっくりとした美味しそうな
初鰹をよく見かけるようになります。
秋の戻り鰹より脂は少なめで
あっさりとしていますが、
貧血や夏バテに効きそうな
栄養価も高く、
家族には食べてもらいたい食材です。
食卓ではたたきや刺し身などで
食べる機会が多いのですが、
火を通すと身がほぐしやすくて
お弁当にもアレンジしやすくなります。
あっさりの方がよければ背の部分、
脂多めがいいなら腹の部分を選び、
買ったらすぐ調理しましょう。

おかずの素

鰹のスープ煮

香味野菜のうま味を鰹に吸わせて。
スープで身がしっとり。スープもまた利用しましょう。

〈**材料**〉作りやすい分量

鰹（刺し身用）…1柵
塩…小さじ1
玉ねぎ…1個
にんじん、セロリ…各1/2本

A
ローリエ…1枚
水…500㎖
白ワイン…50㎖
塩…小さじ1

オリーブオイル…大さじ1

1 鰹は2㎝幅ほどに切り（**a**）、塩をまんべんなくふって15分ほどおき（**b**）、出てきた水分をペーパータオルで軽くおさえる（**c**）。玉ねぎ、にんじん、セロリは皮つきのままそれぞれ4等分にする。

2 **1**と**A**を鍋に入れて極弱火にかけ（**d**）、20分ほど煮て粗熱をとる。

保存方法

スープごと野菜と一緒に保存容器に入れて冷蔵庫へ。スープに浸かっている状態で4〜5日保存可能。

a

b

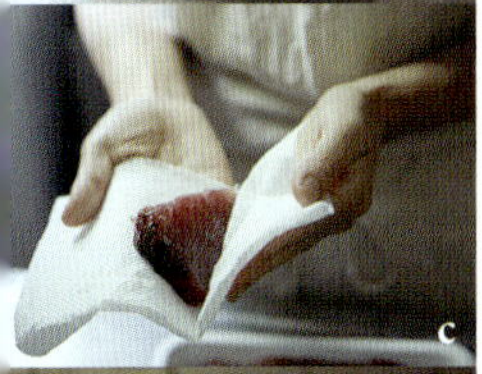
c

d

ツナと豆腐のパプリカ詰め

軽くて胃にもたれず暑い日に嬉しいメイン。
肉厚のパプリカが季節感を演出します。

〈材 料〉2〜4人分

鰹のスープ煮の身（▸p.55）…4切れ（約150g）

A
- 木綿豆腐（水切りしたもの）…80g
- 溶き卵…1/2個分
- 片栗粉…大さじ1
- 酒、醤油…各大さじ1/2
- 塩…小さじ1/4

パプリカ…1個
薄力粉…適量

B
- 醤油、酒、みりん…各大さじ1
- 水溶き片栗粉…小さじ1

1 鰹はボウルに入れてよくほぐし、**A**を加えてよく混ぜ合わせる。

2 パプリカは縦半分に切り、種とワタを除いて内側に薄力粉を薄くまぶす。

3 **2**の内側に**1**を詰め、180℃に予熱したオーブンで20〜25分焼き、食べやすい大きさに切る。

4 小鍋に**B**を入れて火にかけ、ひと煮立ちしてとろみがついたら火を止め、**3**にかける。

MEMO.
パプリカの内側に薄力粉を薄くまぶすことで、加熱してたねが縮んでもはがれにくくなり、形よく仕上がります。

ツナピラフ

鰹のスープ煮を余すことなく使って作る
ちょっぴり贅沢な初夏の炊き込みです。

〈材 料〉作りやすい分量

米…2合
鰹のスープ煮（▸p.55）
身…4切れ（約150g）
スープ…360mℓ

塩…小さじ1
オリーブオイル…大さじ1
イタリアンパセリ（みじん切り）…少々

1 米はとぎ、浸かる程度の水（分量外）に30分以上浸けておく（前日の晩に行い、冷蔵庫に入れておいてもOK）。

2 鍋に水気をきった米、鰹、スープ、塩、オリーブオイルを入れて強火にかける。沸騰したら弱火にして水分がなくなるまで10分ほど炊く。10分蒸らし、鰹をほぐしながらさっくり混ぜ、塩、こしょう（各分量外）で味を調えてイタリアンパセリを散らす。

MEMO.
水を使わずスープ煮のスープだけで炊き込みます。鰹のうま味に加え、香味野菜の美味しさも出ているので奥深い味わいに。

ツナとマカロニのサラダ

定番を手作りツナとスープ入りドレッシングでワンランク上に。

〈材 料〉3〜4人分

マカロニ…150g
鰹のスープ煮の身（▸p.55）
…2切れ（約80g）
紫玉ねぎ…1/8個

A
マヨネーズ…大さじ2〜3
レモン果汁…小さじ1
鰹のスープ煮のスープ（▸p.55）
…小さじ1〜2

塩、こしょう…各少々

1 マカロニはたっぷりの湯に塩少々（分量外）を入れ、表示時間通り、または少し柔らかめにゆでて水気をきる。鰹はほぐす。紫玉ねぎは薄切りにする。

2 ボウルに1とAをよく混ぜ合わせ、塩、こしょうで味を調える。

ツナと万願寺唐辛子の炒め物

さっと炒めれば艶々に。
この時期ならではの味を堪能。

〈材 料〉2人分

鰹のスープ煮の身（▸p.55）
…2切れ（約80g）
万願寺唐辛子…4本
ごま油…大さじ1
薄口醤油、みりん…各小さじ1
塩…少々

1 鰹はほぐす。万願寺唐辛子は食べやすい大きさに切る。

2 フライパンにごま油を中火で熱し、1を炒める。醤油、みりん、塩を加えて炒め合わせ、よく絡める。

ツナとひじきのマリネ

みょうがとすだち、梅干しで
夏らしくさっぱりまとめます。

〈材 料〉2人分

鰹のスープ煮の身（▸p.55）
…2切れ（約80g）
ひじき（乾燥）…10g
みょうが…2個
梅干し…大1個
薄口醤油…小さじ1
すだち…1個

1 ひじきはたっぷりの水に10分ほど浸けて戻し、水気をきる。鰹はほぐす。みょうがは細切りに、梅干しは種をとって包丁で叩く。

2 ボウルに1、醤油を入れ、すだちを搾ってよく和える。

新しょうが

透明感のある、
きめの細かい
色白の新しょうが。
ひねしょうがの野性的な
辛味と違い、
女性的な優しい辛味です。
そのすっきりとした
味と食感は、
お弁当にも向いています。
使うときはみずみずしく、
ピンクの部分の
赤みが強いものを選びましょう。

おかずの素

新しょうがのレリッシュ

小さく切って甘酸っぱく。
お弁当にも使いやすく、
きれいな液は調味料に活用できます。

〈材料〉 作りやすい分量

A
- 米酢…１５０mℓ
- 水…１５０mℓ
- きび砂糖…大さじ３
- 塩…小さじ2/3

新しょうが…４００g
塩…小さじ2/3

1 Aを鍋に入れてひと煮立ちさせ、冷ましておく。

2 新しょうがは汚れをふきとり、食べやすい長さの細切りにする。ボウルに入れて塩をふり、軽くもんで20分ほどおいておく。

3 2の水気を両手でぎゅっと絞り、保存瓶に入れて1を注ぐ。一晩漬ければ食べ頃に。

保存方法
蓋をしっかり閉めて冷蔵庫へ。レリッシュ液に浸かった状態で1カ月ほど保存可能。

新しょうがとオクラの肉巻き

季節の野菜で楽しめる肉巻きの夏版。
ねばねばおくらにレリッシュを添えて。

〈材 料〉4本分

オクラ…4本
牛ロース薄切り肉…4枚
薄力粉…適量
新しょうがのレリッシュ
(▸p.58)…適量
ごま油…大さじ1/2
A | 酒、醤油、みりん、砂糖…各大さじ1

1 オクラはガクをとって塩もみし、塩(分量外)を入れた熱湯でさっとゆで、ざるにとって冷ます。

2 牛肉を広げて薄力粉を薄くまぶし、手前にオクラ、新しょうがのレリッシュをのせて巻く。

3 フライパンにごま油を中火で熱し、**2**の巻き終りを下にして並べ、ころころ転がしながら焼く。焼き色がついたら混ぜ合わせた**A**を加え、汁気がなくなるまで絡め、食べやすい大きさに切る。

MEMO.
牛肉におくらをのせてレリッシュを一緒に巻き込めば、絡めたたれとレリッシュの酸味が美味しいハーモニーに。

新しょうがと塩鯖の玄米ちらし

べとつかず、さっぱり食べられる玄米の酢飯に
レリッシュを加えれば夏バテ予防にも。

〈材 料〉茶碗2杯分

鯖の塩焼き…1切れ
玄米ご飯(温かいもの)
…茶碗2杯分
新しょうがのレリッシュ
(液ごと/▸p.58)…1/4カップ
芽ねぎ、青ゆず(薄切り)、
白炒りごま…各適量

1 鯖の塩焼きは皮をとり、身をほぐして骨を除く。

2 玄米ご飯に**1**とレリッシュの液のみ、ごまを加え、よく混ぜ合わせて冷ましておく。

3 弁当箱に詰め、レリッシュ、芽ねぎ、青ゆずをのせ、ごまを散らす。

MEMO.
寿司酢代わりにレリッシュ液を混ぜるだけなのでとっても簡単。しょうがの香りも加わって、より食べやすくなります。

夏のペースト

照りつける太陽の恵みを
たっぷり吸収した野菜たちを、
いつでも使えるよう、有り難く保存。
手早く美味しいものが作れます。

大葉ペースト

青々と香り高い大葉をペーストに。
カシューナッツとオイルでコクを出し、
ビネガーを加えることで
さっぱりといただけます。

〈**材料**〉作りやすい分量

大葉…20枚
カシューナッツ…30g
白ワインビネガー…小さじ1
塩…小さじ$1/4$
オリーブオイル…80㎖

1 大葉、カシューナッツは細かく刻む。

2 すり鉢に**1**を入れてすり潰す。粗めのペースト状になったら白ワインビネガー、塩を入れ、オリーブオイルを少しずつ加えながらよく混ぜ合わせる。

保存方法

保存瓶に入れて冷蔵で2週間、冷凍で1カ月保存可能。

美味しい使い方

○焼きはんぺんの和え物

はんぺん2枚を食べやすい大きさに切り、オリーブオイル小さじ1を熱したフライパンで焼く。焼き色がついたら、大葉ペースト大さじ1・1/2と醤油少々を加えて混ぜる。

○ショートパスタ和え

ショートパスタ100gを表示より少し短めにゆで、大葉ペースト大さじ3〜4で和える。

トマトソース

完熟のはち切れそうなトマトを見つけたらぜひ作ってみてください。お好みのハーブを加えればオリジナルの味に。

〈材 料〉 作りやすい分量

完熟トマト…大3個
玉ねぎ…1/2個
にんにく…1かけ
オリーブオイル…大さじ2
ローリエ…1枚
塩…小さじ1

1 トマトは湯むきして細かく刻む。玉ねぎはみじん切り、にんにくは潰す。

2 鍋にオリーブオイル、にんにくを入れて弱火にかけ、香りが立ったら玉ねぎを加えて中火で炒める。しんなりしたらトマト、ローリエ、塩を加え、アクをとりながら半量になるまで煮込む。

3 ローリエを除いてミキサーに入れ、なめらかになるまで攪拌し、塩、こしょう（各分量外）で味を調える。

保存方法 冷めたら保存瓶に入れ、冷蔵で1週間、冷凍で1カ月保存可能。

美味しい使い方

○ チキンライス

鶏もも肉40gを一口大に切り、塩、こしょう、白ワイン小さじ1をふる。玉ねぎ1/16個、ピーマン1/2個、マッシュルーム1個は1cm角に切る。フライパンにバター10gを溶かして鶏肉を炒め、野菜を加えてしんなりしたら、ご飯茶碗1杯分、トマトソース大さじ2を炒め合わせ、塩、こしょうで味を調える。

○ ピザパン

イングリッシュマフィン1個を半分に切り、オリーブオイルを塗る。トマトソース大さじ2〜3、モッツァレラチーズ2切れをのせ、トースターで少し焦げ目をつける。オレガノを散らし塩、こしょうをふる。

鯵《あじ》

小さなものから大きなものまで
逗子という土地柄、よく見かけます。
近所の海に釣りに行ったときも
可愛らしい大きさでしたが、
やはり一番釣れました。
食べる頻度が多い鯵は、
マンネリにもなりがちです。
娘も塩焼きだと
あまり反応がよくありません。
鮮度が落ちるとどうしても、
青魚特有の臭みが出てきてしまいますが、
新鮮なうちに簡単な下ごしらえを
することで臭みが消え、
うま味を閉じ込めておけます。
苦手な子にもアレンジ次第で……。

おかずの素

鯵の塩漬け

目が澄んで
ふっくらと身の張った
ものを選びましょう。
短時間でもお酒に浸けると
臭みがとれて
食べやすくなります。

〈**材 料**〉作りやすい分量

鯵…中2尾
酒…適量
塩…小さじ1

1 鯵を三枚におろす。ぜいごを削ぎとって頭と尾を落とし（**a**）、腹に切り込みを入れてワタをかき出し、水で腹の内側を洗う（**b**）。背びれの上に包丁を入れ、中骨に沿って切り込みを入れ（**c**）、向きを反対にして同様に腹に切り込みを入れる。尾のつけ根から包丁を入れ、頭に向かって中骨に沿って切る（**d**）。同様にもう反面も行い、腹骨をすいて皮をはぎ（**e**）、小骨をとる。

2 バットに**1**を並べ、酒をひたひたに注ぎ10分ほど浸ける（**f**）。

3 鯵をペーパータオルにとって水気をおさえ、バットに並べる。塩をまんべんなくふり（**g**）、ペーパータオルに包んで保存袋に入れる。半日ほどで食べごろに。

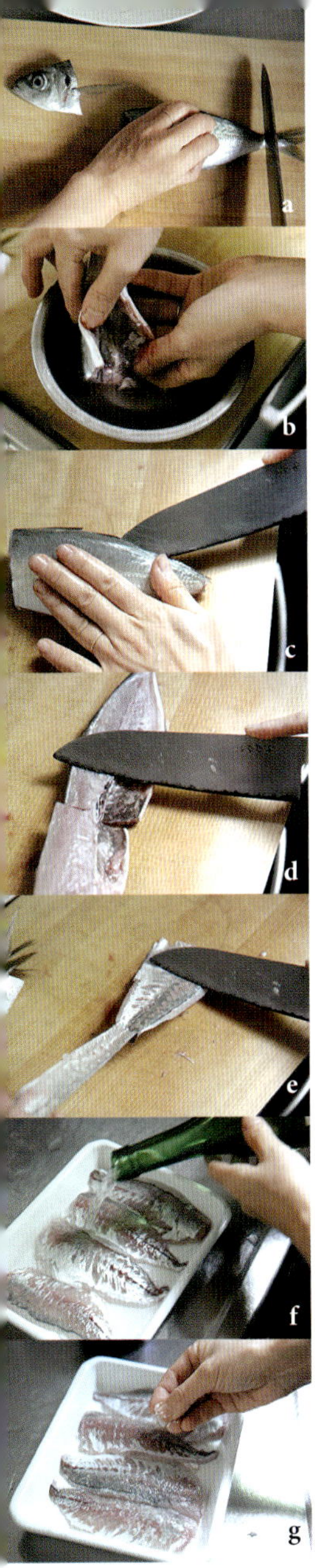

保存方法

保存袋に入れて冷蔵庫で3～4日保存可能。長く漬けるとしょっぱくなるので注意。

鰺とミニトマト、
マスタードのパン粉焼き

旬のトマトを巻いたピンチョス風の一品。
トマトのみずみずしさも楽しめます。

〈材 料〉4個分

鰺の塩漬け（▸p.63）…2枚
マスタード…小さじ2
ミニトマト…4個

A パン粉…1/4カップ
オリーブオイル…大さじ1
イタリアンパセリ（みじん切り）…少々
塩、こしょう…各少々

1 鰺は横半分に切り、内側にマスタードを等分に塗る。身の端にミニトマトをおいてくるくると巻き、巻き終りを爪楊枝で留める。全部で4個作る。

2 **1**のミニトマトが上から見えるようにおき、**A**をよく混ぜ合わせ、等分にかける。

3 200℃に予熱したオーブンで約10分焼く。

MEMO.
パン粉にオイルを染み込ませることで、さっくりとした食感に。揚げ油を使わなくてもいいので、忙しい朝におすすめです。

鰺と奈良漬けの混ぜご飯

ごま油で香ばしく焼いた鰺をほぐし
奈良漬けと一緒に混ぜた大人の味わいです。

〈材 料〉茶碗2杯分

鰺の塩漬け（▸p.63）…1枚
奈良漬け…30g
ごま油…大さじ1/2
ご飯（温かいもの）…茶碗約2杯分

1 フライパンにごま油を中火で熱し、鰺を両面火が通るまで焼いて取り出し、ほぐしておく。奈良漬けは周りの漬け粕をぬぐいとり、細かく刻む。

2 ご飯に**1**を加え、よく混ぜ合わせて好みでおにぎりを握る。

MEMO.
刻んだ奈良漬けを一緒に混ぜてカリカリとした食感と酒粕の香りをアクセントに。発酵食品を混ぜることで傷みにくくなる効果も。

鯵と大葉のフライ

梅と大葉で爽やかに風味づけて夏の揚げ物に。
魚の臭みも消えて美味しさを引き立てます。

〈材 料〉4個分

梅干し…大2個
鯵の塩漬け（▸p.63）…4枚
大葉…4枚
薄力粉、溶き卵、パン粉…各適量
揚げ油…適量

1 梅干しは種をとり、包丁で叩いてペースト状にする。
2 鯵の内側に 1 を4等分にして塗り、梅をはさむように半分に折る。全部で4個作って大葉を1枚ずつのせ、薄力粉、溶き卵、パン粉の順に衣をつける。
3 揚げ油を中温に熱し、2 をきつね色になるまで6～7分揚げる。

鯵といんげんの和え物

色よくゆでたいんげんとごまの和え衣。
合わせて美味しい免疫力アップのおかずに。

〈材 料〉作りやすい分量

ごま油…大さじ1/2
鯵の塩漬け（▸p.63）…1枚
さやいんげん…8本
塩…少々

A 白炒りすりごま…大さじ1
きび砂糖、薄口醤油…各小さじ1

1 フライパンにごま油を中火で熱し、鯵を両面火が通るまで焼いて取り出し、ほぐしておく。
2 いんげんは筋をとって4等分に切り、塩を入れた湯で1～2分ゆでて水気をきる。
3 ボウルに A を入れよく混ぜ合わせ、1 と 2 を加えてよく和える。

かぼちゃ

晩夏から出まわるかぼちゃ。
男子からの評判は
いまいちだとか……。
私は緑の皮も好きなくらい。
我が家でも甘いだけのものは
進まないようですが、
アクセントになるスパイスや
トッピングなどを加えると、
美味しさが引き立ちます。
冬まで美味しくいただける
栄養豊富な食材です。

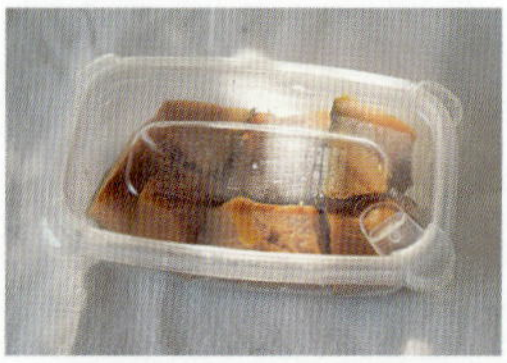

保存方法

食べやすい大きさに切って保存容器に入れ、冷蔵庫で3～4日保存可能。

おかずの素

蒸しかぼちゃ

あまり小さくカットせず、
大きなまま、うま味を
逃さず蒸すのがおすすめ。
好みで皮も使いましょう。

〈材料〉作りやすい分量
かぼちゃ…1/2個
塩…小さじ1

1 かぼちゃは半分に切って種をとり、塩をまんべんなくふる。

2 蒸気がたっぷり上がった蒸し器に入れ、柔らかくなるまで約20分蒸す。

2 かぼちゃのコロッケ

マッシュしたかぼちゃをカレー味に。
スパイシーな香りが夏にぴったり。

〈材 料〉6個分

蒸しかぼちゃ(›p.66)…200g
ベーコン…1枚
玉ねぎ…1/12個
オリーブオイル…大さじ1
カレー粉…小さじ1/4
塩…ひとつまみ
こしょう…少々
薄力粉、溶き卵、パン粉(細かいもの)…各適量
揚げ油…適量

1 蒸しかぼちゃは皮をとり、なめらかになるまで潰す。ベーコン、玉ねぎは細切りにする。
2 フライパンにオリーブオイルを中火で熱し、ベーコン、玉ねぎを炒める。ベーコンに火が通ったらカレー粉、塩、こしょうを加え、よく炒め合わせて火を止める。
3 ボウルに 1 のかぼちゃ、2 を入れて混ぜ合わせ、6等分にして丸め、薄力粉、溶き卵、パン粉の順に衣をつける。
4 揚げ油を中温に熱し、3を入れてきつね色になるまで揚げる。

1 かぼちゃとナッツのサラダ

レモンで甘さを和らげた食べやすいサラダ。
サンドイッチの具にするのもおすすめです。

〈材 料〉4人分

蒸しかぼちゃ(›p.66)…200g
A | マヨネーズ…大さじ1・1/2
レモン汁…小さじ1　こしょう…少々
アーモンドスライス(ロースト)…30g

1 蒸しかぼちゃは好みで皮をとり、ボウルに入れて粗めに潰す。
2 A を加えてよく和えたら、アーモンドスライスを加えてさっくり混ぜる。

3 かぼちゃとミニトマトのごま和え

フレッシュなトマトと合わせた夏色の副菜。
加熱調理なしで手軽に作れます。

〈材 料〉4人分

蒸しかぼちゃ(›p.66)…200g　ミニトマト…6個
A | 白炒りすりごま…大さじ2
薄口醤油…小さじ2

1 蒸しかぼちゃは一口大に、ミニトマトは半分に切る。
2 ボウルに A をよく混ぜ合わせ、1 を加えてよく和える。

夏の一品主役弁当

この時期一番に考えるのは食べやすさと栄養バランス。我が家では冷たい麺やスパイスを効かせたのっけご飯で、暑さや食欲不振をしのぎます。

ガパオ弁当

定番の鶏そぼろに夏野菜を加えて彩りよく。
エスニックな味に仕上げたらバジルと目玉焼きをのっけて。

〈材 料〉2人分

玉ねぎ…1/8個
赤パプリカ…1/4個
ピーマン…1個
ごま油…大さじ1
鶏そぼろ（▸p.78）…100g
オイスターソース…大さじ1
バジル、青唐辛子（みじん切り）…各適量
ナンプラー、こしょう…各少々
ご飯…茶碗2杯分
目玉焼き…2個

1 玉ねぎ、パプリカ、ピーマンは食べやすい大きさに切る。

2 フライパンにごま油を中火で熱し、**1**を入れて炒める。玉ねぎが透き通ったら鶏そぼろ、オイスターソース、バジル、青唐辛子を加えてさらに炒め、仕上げにナンプラー、こしょうで味を調える。

3 弁当箱にご飯を詰めて**2**をまんべんなくのせ、目玉焼きをのせてバジル（分量外）を飾る。

POINT.
アルミのお弁当箱を使ってアジアンテイストに。「リゼッタ」のクロスの爽やかなチェック柄で夏らしく。

トマト冷やし麺弁当

トマトの酸味と蒸し鶏のゆで汁のうま味に豆板醤で辛味をプラス。
ピリ辛のたれが夏でも食欲をそそります。

〈材 料〉2人分

鶏ささみ…3本
海老…2尾

A
水…1カップ
酒…大さじ1
しょうが(薄切り)…1枚
塩…小さじ1/2

トマト…中2個
中華麺(細麺)…2玉
ズッキーニ(薄切り)…少々

B
醤油…大さじ1
砂糖…大さじ1/2
酢…大さじ2
ごま油…小さじ1
豆板醤…少々

1 鍋にささみ、海老、Aを入れて中火にかける。沸騰したら弱火にし、アクをとりながら1分ほどゆでて火を止め、そのまま冷ます。冷めたら海老は殻をむき、ささみは食べやすい大きさに切る。ゆで汁は残しておく。

2 トマトは湯むきして角切りにし、1のゆで汁1/4カップと鍋に入れ、5分ほど中火にかける。火を止めてBを加え、よく混ぜ合わせて密閉容器に入れ、冷蔵庫で冷やしておく。または冷凍庫で凍らせる。

3 麺はたっぷりの熱湯にほぐしながら入れて1分半ほどゆで、冷水にとって冷やし、水気をしっかりきっておく。

4 弁当箱に麺、1のささみと海老、ズッキーニを詰め、食べる直前に2のタレをかけてよく和える。

POINT.
麺つゆを別の容器に入れて凍らせ、保冷剤代わりに。食べるころには溶けて丁度いいようです。

POINT.
麺つゆを冷やしてスープジャーへ。ぶっかけでもつけ麺でも気分に合わせて食べられます。

かき揚げ冷やしうどん弁当

娘は無類のうどん好き。お弁当でも食べたいということで、夏野菜のかき揚げをつけたボリュームある一品に。

〈材 料〉 2人分

冷凍うどん…2玉

《麺つゆ》
だし（鰹と昆布）…1カップ
薄口醤油…大さじ2
みりん…大さじ1
しょうが（すりおろし）…少々

《かき揚げ》
蒸しとうもろこし（›p.52）
…大さじ2〜3
みょうが…2個
釜揚げしらす
…大さじ2程度
薄力粉…小さじ2

A | 薄力粉…小さじ2
片栗粉…小さじ1
冷水…大さじ2

揚げ油…適量

1 麺つゆを作る。鍋にしょうが以外の材料を入れて中火にかける。ひと煮立ちさせて粗熱をとり、しょうがを加えて冷蔵庫で冷やしておく。または冷凍庫で凍らせる。

2 うどんはたっぷりの熱湯に入れて2〜3分中火でゆで、水気をしっかりきって冷蔵庫で冷やしておく。

3 かき揚げを作る。みょうがは斜め薄切りにする。

4 ボウルにとうもろこし、みょうが、しらすを合わせ、薄力粉を入れてよく混ぜ、さっくりと混ぜた**A**を加えて軽く混ぜる。

5 揚げ油を中温に熱して**4**を半量ずつ静かに入れ、カラッとするまで3〜4分揚げて油をきる。

6 弁当箱にうどん、かき揚げ（別容器でもOK）を詰め、麺つゆを別の容器に入れて食べる際にまわしかける。

夏野菜のキーマカレー弁当

汁気のないドライカレーは
我が家の一品弁当の定番。
夏はなすやズッキーニを食べやすく
切って一緒に加えます。

〈材 料〉 2人分（カレーは作りやすい分量）

玉ねぎ…1個
にんにく、しょうが…各1かけ
トマト…大1個
なす…1個
ズッキーニ…1本
オリーブオイル…大さじ2
クミンシード…小さじ1
合挽き肉…400g
カレー粉…大さじ3〜4
ローリエ…1枚
白ワインビネガー…大さじ1
塩、ガラムマサラ…各小さじ1
ご飯（温かいもの）…茶碗2杯分
ゆで卵…2個
プチトマト…適量

1 玉ねぎ、にんにく、しょうがはみじん切りにする。トマト、なす、ズッキーニは1cm角に切る。

2 鍋にオリーブオイル、にんにく、しょうが、クミンを入れて弱火にかける。香りが立ったら玉ねぎを加え、中火で炒める。しんなりしたら挽き肉、なす、ズッキーニを加えてさらに炒め、肉に火が通ったらカレー粉を加え、よく炒め合わせる。

3 トマト、ローリエ、白ワインビネガー、塩を加え、汁気がなくなるまで時々混ぜながら煮込む。仕上げにガラムマサラを加え、塩、こしょう（各分量外）で味を調える。

4 弁当箱にご飯を詰め、3をまんべんなくのせ、ゆで卵、プチトマトを添える。

POINT.
ブルーのラインが涼し気なクロスをきゅっと結んで。すくいやすく食べやすい小さめのレンゲを添えます。

夏のイベント弁当

夏休みが始まりました。
いつもの静かな海も一日中にぎわうように……。
たまには少し遠くの海へ、
簡単なお弁当を持って行くことにしました。
作りおきしておいた、
「鰹のスープ煮」や「大葉のペースト」が
あったことを思い出して、
冷蔵庫から探してサンドイッチにすることに。
昨日の晩ごはんで残った「夏野菜の煮込み」は
冷めても美味しいはず。
何かといつも用意している果物を、
庭に茂ったスペアミントと和えてデザートに。
保冷剤を要所要所に詰め、
はやる心でバスに乗り込みます。
私の好きな場所は、夏でもあまり人がいない、
静かで芝生と海がつながっているようなところ。
今日ものんびりしています。
思いつきにしては、美味しいイベント弁当ができました。
おかずの素や保存食のおかげですね。

果物のライムミントマリネ
大葉と蒸し鶏のサンド
きゅうりの塩もみとクリームチーズのサンド
▸p.50
ツナフレークサンド
夏野菜の煮込み
かぼちゃのコロッケ
▸p.67

大葉と蒸し鶏のサンド

〈材 料〉 2〜3人分

鶏むね肉…1枚
塩…小さじ1/2
こしょう…少々
白ワイン…大さじ1
ローリエ…1枚
サンドイッチ用食パン…2枚

大葉ペースト（▸p.60）…大さじ4
マヨネーズ…適量

1 鶏むね肉に塩、こしょうをまんべんなくふり、軽くもみ込んで耐熱皿にのせ、白ワインをまわしかけてローリエをのせる。蒸気がたっぷり上がった蒸し器に入れ、中火で10分ほど蒸す。そのまま冷ましてローリエを除き、食べやすい大きさにほぐす。

2 食パン2枚の片面に大葉ペースト、マヨネーズを塗って**1**をはさむ。少しおいてなじませ、弁当箱に入れやすい大きさに切る。

ツナフレークサンド

〈材 料〉 2〜3人分

A
- **鰹のスープ煮の身**（▸p.55／ほぐす）…3切れ（約100g）
- 紫玉ねぎ（薄切り）…1/12個分
- ケイパー（みじん切り）…10個分
- マヨネーズ…大さじ3
- レモン汁…少々
- 塩、こしょう…各少々

サンドイッチ用食パン（黒パン）…2枚
マスタード、またはからし…少々

1 **A**の材料をよく混ぜ合わせる。

2 食パン2枚の片面にマスタードを薄く塗り、**A**をのせてはさむ。少しおいてなじませ、弁当箱に入れやすい大きさに切る。

夏野菜の煮込み

〈材 料〉 2〜3人分

なす…1本
赤パプリカ…1/2個
ズッキーニ…1/2本
ベビーコーン…8本
オリーブオイル…大さじ3
完熟トマト…1個

A
- 白ワインビネガー…大さじ1/2
- ローリエ…1枚
- チリパウダー…少々

塩、こしょう…各少々

1 ベビーコーン以外の野菜は食べやすい大きさに切る。

2 鍋にオリーブオイルを中火で熱し、トマト以外の野菜を入れて炒める。全体に油がまわったら、塩ひとつまみ（分量外）、**A**、トマトを加えて混ぜ合わせ、蓋をして蒸し煮にする。

3 汁気がほとんどなくなったら塩、こしょうで味を調える。

果物のライムミントマリネ

〈材 料〉 2〜3人分

パイナップル（輪切り）…2〜3枚
プラム…2〜3個
スペアミント…適量

A
- ライム果汁、はちみつ…各少さじ1
- 塩…ほんの少々

1 パイナップル、プラムは食べやすい大きさに切り、ミントはちぎる。

2 ボウルに**1**と**A**を入れて和え、冷蔵庫で冷やす。

我が家の定番の味

一年を通して頼りになる
家族が好きないつものおかず

甘い卵焼き、しょっぱい卵焼き。卵焼きはやっぱり家庭の味が出る特別なおかずです。我が家は全員がだし好きなので、お弁当の卵焼きは必然的にだしがたっぷりのだし巻き卵に。2日に1回くらいのペースで登場しています。

　片栗粉を入れて色や食感をお弁当向きにする作り方もありますが、我が家はいたってシンプル。お好み焼き用のヘラを使って作るのは、我が家流かもしれません。

　そしてもうひとつ外せないのが困ったときの鶏そぼろ。こちらもアレンジしやすいように味つけはシンプルに。多めに作って小分けし、ストックしておくと本当に役に立ちます。

だし巻き卵

だし多め、が我が家の味。巻くのが難しい場合はだしの量を調節してお試しを。

〈材料〉 作りやすい分量

卵…3個

A
- だし…70㎖
- 薄口醤油…小さじ2
- みりん…小さじ1

油…少々

だし巻き卵の作り方

ボウルに卵を割り入れ、菜箸で卵白を切るように手早く溶きほぐす。合わせたAを加え、泡立てないように混ぜ合わせる。

卵焼き器を中火にかけ、小さく折ったペーパータオルに油をたっぷり含ませ、全体に油をなじませる。

①の卵液をお玉1杯分すくって流し入れ、卵焼き器をまわして均一に広げる。

半熟状になったら、奥から手前に手早く巻く。お好み焼き用のヘラを使うと巻きやすい。

巻き終えたら卵を奥にすべらせ、手前の空いたところに②と同様に油をひく。

再びお玉1杯分の卵液を流し入れ、卵焼き器をまわして均一に広げる。

卵を持ち上げて、卵の下に卵液を流し込み、半熟状になったら④と同様に巻く。

卵液がなくなるまで⑤～⑦を繰り返し、最後に卵焼き器の端で軽くおさえ、形を整える。

焼き上がったら巻きすにとって巻き、形を整えて切り分ける。

四季のアレンジ

【春】わけぎと桜海老

みじん切りにしたわけぎと桜海老を卵液に混ぜるだけで、春の香りがプラスされ春の卵焼きに。彩りもきれい。

▸p.14

【夏】大葉で爽やかに

大葉を粗く刻んで卵液に混ぜて。また刻まずそのままのせて巻き込んでもOK。夏らしい爽やかな香りに仕上がります。

【秋】ルッコラで変化球

細かく刻んだルッコラを卵液に加え、まんべんなく混ぜて焼けば、グリーンがいいアクセントに。風味も豊か。

▸p.83

【冬】ほうれん草を巻いて

上記作り方の③でほうれん草の塩ゆでをのせて巻き、続きを同様に焼けば真ん中にほうれん草が入った卵焼きに。

▸p.133

鶏そぼろ

ご飯のお供に嬉しい甘辛味。
和えたり炒めたり用途もいろいろ。

〈材料〉作りやすい分量

鶏挽き肉（もも）…150g
きび砂糖…大さじ1
酒、みりん…各大さじ$\frac{1}{2}$
醤油…大さじ1・$\frac{1}{2}$

四季のアレンジ

【春】ナムルと合わせて

定番の鶏そぼろを春野菜のナムルと一緒にご飯にのせて、ビビンバ風に。ナムルと一緒に食べれば韓国風に。▸p.37

【夏】スパイシーにアレンジ

夏野菜と一緒にカレー粉などのスパイスで炒めてキーマカレーに。またエスニックの味つけにしてガパオに。スパイシーな味が夏にピッタリ。▸p.68 , p.71

【秋】秋らしい混ぜご飯に

きのこの醤油煮と一緒にご飯に混ぜれば、味も色合いもこっくりとした秋らしい混ぜご飯に。手軽に作れておにぎりにしても喜ばれます。

【冬】マーボー大根の具に

旬の大根を使ったマーボー大根の挽き肉代わりに使用。そぼろの甘辛味が、マーボーのピリ辛あんとなじんでご飯がもりもり進みます。▸p.122

鶏そぼろの作り方

小鍋に鶏挽き肉を入れ、きび砂糖、酒、みりん、醤油を入れる。

火にかける前によく混ぜ合わせ、挽き肉を軽くほぐしてから中火にかける。

焦げつかないように絶えず混ぜ、汁気を飛ばしながら煮る。

汁気がなくなり、照りが出てきたら火を止める。

ご飯は鍋で炊くと早くて美味しい

我が家のご飯は鍋で炊きます。主にアルミ製の無水鍋と打ち出しの銅鍋、そしてご飯炊き用の土鍋を使い分け。お弁当を作る朝に出番が多いのは火の通りが早い前者2つです。

炊飯器よりも早く炊けて、しかもふっくら&おこげつき。火加減を覚えてしまえば簡単に美味しく炊けます。

炊き上ったご飯はおひつへ。1日分をまとめて炊くことが多く、おひつに入れておくことで適度な水分量が保たれて炊き立ての美味しさをキープできます。

○ご飯の炊き方（2合分）

〈材料〉米…2合　水…360mℓ

1. 米2合はとぎ、材料の水に浸けて1時間ほどおく。前日の晩に行い、水に浸けたまま冷蔵庫に入れておくと、翌朝の作業がスムーズに。
2. 鍋に**1**を入れ、蓋をして強火にかける。沸騰したら弱火にして水分がなくなるまで10分ほど炊く。
3. パチパチと音がしてきたら火を止め、そのまま10分蒸らす。水で濡らしたしゃもじで底からさっくりと混ぜ、布巾をしいたおひつなどに移す。

左が銅鍋、右がおひつ。電化製品はほとんど使わないので、基本的には鍋で炊いて残りはおひつで保存。温め直しはせいろで行います。

お弁当用のだしは浸すだけ

お弁当にも美味しいだしは欠かせませんが、朝からとるのが大変なときは浸すだけの簡単だしにします。

昆布だしは前日の晩に水に浸すだけ、鰹だしは湯を注いでしばらくおくだけでしっかりとしただしに。

お弁当に使うだけなら茶碗1杯分もあれば十分なので、上手に手を抜いています。

おかずの素のゆで汁や煮汁、うま味の強い食材をだし代わりに使うのもおすすめです。

○昆布だしの取り方（500mℓ分）

容器に昆布5㎝角1枚を入れて水500mℓを注ぎ、冷蔵庫に一晩おく。

○鰹だしの取り方（300mℓ分）

容器に茶こしをのせ、鰹節小パック1袋（2g）を入る分だけ入れて熱湯300mℓをひとまわし注ぐ。残りの鰹節を入れて残りの湯を注ぎ、鰹節の色が出るまで浸しておく。

秋

Autumn

暑さが和らぎ、朝晩は軽やかな風が通るようになってきました。
長かった夏休みが終わると、またまた秋のお弁当作りが始まります。
我が家は主人の分も作っているので、数が一つ増えるだけですが、
どちらかというと味に関しては娘の方が手厳しい。
さあ、気を引き締めて作りましょ！という感じです。
色どり豊かなものから、土の匂いが感じられる野菜が多くなり、
キラキラ青光りしている秋刀魚がお目見えし……、
八百屋や魚屋に並ぶものが、少しずつ変わり始めました。
私たちの味覚もさっぱりから、こっくりしたものを欲するように。
体は季節の移り変わりをちゃんと感じているようです。
私もいつもよりお腹が減る気がするし、
娘も連日体育祭の練習でいっそうお腹が減るらしく、
おかずのボリュームを増やしたり、おにぎりをプラスしたり。
艶々の新米や脂ののった魚など、
コクやうま味の強いおかずがぴったりの季節。
食べごたえのある秋弁当を作りましょう。

秋の旬弁当

蒸し栗と
ベーコンのフリット
›p.93
鮭のパン粉焼き
›p.86
チリビーンズ
›p.100
プルーンソースの
切り干し大根のマリネ
›p.97
秋刀魚と
キャベツのマリネ
›p.95
きのこの醤油煮
混ぜご飯（おにぎり）
›p.91
鮭の甘酒漬け焼き
›p.111
きのこの
春雨炒め
›p.91
れんこんの
塩きんぴら
›p.102

大豆の海苔和え
▸p.100
きのこハンバーグ
▸p.90
ルッコラの卵焼き
▸p.77
鮭と梨、
ザーサイの春巻き
▸p.87
海老団子のれんこんはさみ蒸し
▸p.103
栗ご飯
▸p.93
きのこの卯の花
▸p.91
秋刀魚の
おかか煮
▸p.94
ピーナッツペーストの
厚揚げと
ちんげん菜の和え物
▸p.96

鮭《さけ》

大人にも子どもにも人気。
安定のお役立ち食材ですね。
お弁当やおにぎりに入っていると
それだけでなんだか
ホッとするような存在です。
通年いろいろな種類の鮭が
出まわっていますが、この時期、
北海道あたりで捕れる秋鮭は
可愛らしい艶やかなピンク色。
脂がのってしっとりとして、
とても美味しいのです。
最近では手に入りやすい
甘酒と組み合わせ、
よりしっとり美味しく
日持ちするように考えてみました。

おかずの素

鮭の甘酒漬け

甘酒と塩を使って
簡単な塩麹のような味わいに。
麹効果でしっとりふっくらです。

〈**材料**〉作りやすい分量

秋鮭…3切れ
塩…小さじ3/4

A
甘酒…3/4カップ
塩…小さじ1・1/2

1 鮭1切れに塩小さじ1/4を両面にふり（**a**）、15分ほどおく。出てきた水分をペーパータオルで軽くおさえる（**b**）。

2 **1**をバットに並べ、**A**を混ぜ合わせて（**c**）、まんべんなくかけて漬け込む（**d**）。半日で食べ頃に。

保存方法

保存袋に入れて密閉し、冷蔵で4日間保存可能。

a

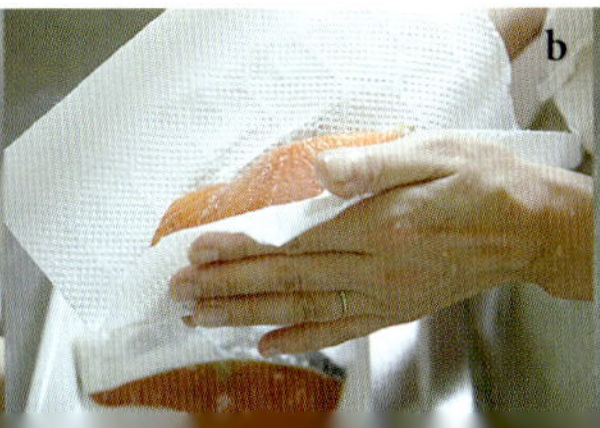
b

c

d

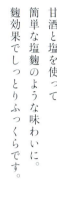

2 鮭のパン粉焼き

甘酒とマヨネーズの意外なコラボレーション。
パン粉をトッピングして食感をプラス。

〈材 料〉3個分

鮭の甘酒漬け（›p.85）…1切れ　マヨネーズ…大さじ1

A｜パン粉…大さじ2
　｜オリーブオイル…大さじ1/2　ディル…少々

1 鮭は甘酒を軽く取り除き、3等分に切ってマヨネーズを塗り、**A**を混ぜ合わせてふりかける。

2 **1**を天板に並べ、200℃に予熱したオーブンで10分ほど焼く。

3 鮭フレーク

ご飯のお供にあると嬉しいサブおかず。
脂ののった旬もので作るとやっぱり格別です。

〈材 料〉2人分

鮭の甘酒漬け（›p.85）…1切れ

1 鮭は甘酒を軽く取り除き、魚焼きグリルで焼き色がつくまで7〜8分焼く。

2 皮や骨をとり、身をほぐす。ご飯にふりかけたり、おにぎりの具として使用。

1 鮭の南蛮漬け

甘酸っぱいたれを絡めたしっかり味で
ご飯がもりもり食べられるメインのおかずです。

〈材 料〉8切れ分

鮭の甘酒漬け（›p.85）…2切れ
薄力粉…少々
紫玉ねぎ…1/4個

A｜醤油、米酢、だし…各大さじ1
　｜メイプルシロップ…大さじ1/2
　｜赤唐辛子（小口切り）…2〜3切れ

油…大さじ3
白炒りごま…少々
かぼす、トレビス…各適宜

1 鮭は甘酒を軽く取り除き、1切れを4等分にして薄力粉を薄くまぶす。紫玉ねぎは薄切りにする。**A**は混ぜ合わせておく。

2 フライパンに油を中火で熱し、鮭を入れて揚げ焼きにする。

3 **2**を熱いうちに**A**に入れて紫玉ねぎを加え、30分以上漬ける（一晩漬けてもOK）。汁気をきってごまをまぶし、弁当箱に詰める。好みでかぼす、トレビスを添える。

鮭と梨、ザーサイの春巻き

鮭の塩気が梨の甘みを引き立てます。
魚と果物、旬ならではの組み合わせです。

〈材 料〉6本分

鮭の甘酒漬け
(▸p.85)…1切れ
梨…1/4個
ザーサイの漬物…30g
塩、こしょう…各少々
春巻きの皮…6枚
水溶き薄力粉…適量
揚げ油…適量

1 鮭は甘酒を軽く取り除き、魚焼きグリルで焼いて骨や皮をとり、身をほぐす。梨は皮をむいて細切り、ザーサイは千切りにする。

2 ボウルに **1** を混ぜ合わせ、塩、こしょうをふる。6等分にして春巻きの皮で包み、巻き終りに水溶き薄力粉を塗って留める。

3 揚げ油を中温に熱し、**2** を入れてきつね色になるまで揚げる。

MEMO.
フレークにした鮭、梨、ザーサイをのせて包みます。揚げると梨がほどよく柔らかくなり、全体の味をまとめてくれます。

鮭の炊き込みご飯

簡単ですが甘酒のおかげで奥深い味わいに。
しっとりとした鮭に箸も進みます。

〈材 料〉作りやすい分量

米…2合
水…360mℓ
鮭の甘酒漬け
(▸p.85)…1切れ
鮭の甘酒漬けの
漬けだれ(▸p.85)…大さじ1
三つ葉(粗く刻む)…適量
白炒りごま…少々

1 米はとぎ、材料の水に30分以上浸けておく。
(前日の晩に行い、冷蔵庫に入れておいてもOK)。

2 鍋に **1** を入れ、鮭は甘酒をつけたままのせて漬けだれを入れる。強火にかけ、沸騰したら弱火にして水分がなくなるまで10分ほど炊き、10分蒸らす。

3 鮭の皮や骨をとって身をほぐし、三つ葉、ごまを散らして切るように混ぜる。

MEMO.
甘酒漬けの漬けだれを調味料代わりに入れて炊き込みます。麹の力でご飯がふっくら艶々に。コクが出て風味も増します。

きのこ

種類が豊富で形もさまざま。
食べるのはもちろん好きですが、
図鑑やきのこのキーチェーンを
集めるほどフォルムも大好き。
父や祖父が干ししいたけを
作っていたので、昔から、
生のもの、干したものも
よく食卓に上がっていました。
見た目はもちろん、
栄養価やうま味も多く、
独特の風味は癖になる味。
それぞれ特徴があるので
組み合わせて使うと
また複雑な味わいに変化します。
醤油などで甘辛く調理し、
お弁当に使いやすい一品に。

おかずの素

きのこの醤油煮

日持ちのしないなめこ以外のきのこなら、組み合わせは自由。小さめに切ってしっかり煮詰めると佃煮のようになります。

〈材料〉 作りやすい分量

まいたけ、しめじ…各1パック
しいたけ…3個
酒…1/4カップ
A 醤油…1/4カップ
　みりん、きび砂糖…各大さじ2

1 まいたけ、しめじ、しいたけは、石づきを落とし、食べやすい大きさに切る（**a**）、またはほぐす。

2 鍋に**1**のきのこと酒を入れ（**b**）、蓋をして中火にかける。

3 3分ほど蒸し煮にしてきのこに火が通ったら蓋をとり（**c**）、**A**を加えてひと混ぜし（**d**）、ひと煮立ちさせる。好みで汁気がなくなるまで煮詰める（**e**）。

保存方法

保存袋に入れて冷蔵で3～4日保存可能。

きのこハンバーグ

醤油煮のうま味を生かして和風ソースに。
さっと絡めれば秋のハンバーグのでき上がり。

〈材 料〉小さめ8個分

- 玉ねぎ…1/4個
- パン粉…1/2カップ
- 牛乳…80mℓ
- 合い挽き肉…300g
- 塩…小さじ1
- こしょう…少々
- 卵…1個
- 油…大さじ1
- 酒…1/4カップ
- A
  - **きのこの醤油煮**(›p.89)…100g
  - 水…1/2カップ
  - 片栗粉…小さじ1
  - しょうが(すりおろし)…1/2かけ分
  - 塩、こしょう…各少々

1 玉ねぎはみじん切りにする。パン粉は牛乳に浸しておく。

2 ボウルに挽き肉、塩、こしょうを入れて粘りが出るまでよく練る。1と卵を加えてさらによく練り、8等分にして丸く成形し、平らに整える。

3 フライパンに油を中火で熱し、2を入れて焼く。片面に焼き色がついたら裏返して酒を加え、蓋をして弱火で5分ほど蒸し焼きにして取り出す。

4 小鍋にAを入れてよく混ぜ合わせ、中火にかける。沸騰してとろみがついたら3を入れ、さっと煮絡める。

MEMO.
きのこの醤油煮にしっかり味がついているので味つけは簡単。煮込む必要もないのでとろみがつけばソースは完成です。

きのこのショートパスタ和え

和えるだけのお手軽パスタ。
きのこたっぷりでメインにしても喜ばれます。

〈材 料〉2〜3人分

- ショートパスタ(ペンネ)…80g
- 塩…少々
- A
  - **きのこの醤油煮**(›p.89)…大さじ4
  - 有塩バター…10g
  - イタリアンパセリ(みじん切り)…少々
  - 塩…少々

1 たっぷりの熱湯に塩を加え、パスタを表示時間より少し短めのアルデンテにゆで、水気をきる。

2 ボウルに1とAを入れてよく和える。

MEMO.
バターを一緒に和えることでパスタがくっつきにくくなり、また簡単にコクも出せて本格的な味わいになります。

きのこの卯の花

おからにきのこのうま味が
じんわり染み入ります。

〈材 料〉 3〜4人分

ちくわ…1本

A
- 水…1カップ
- 薄口醤油、みりん、きび砂糖…各大さじ1
- 塩…ひとつまみ

きのこの醤油煮（›p.89）…30g
おから…100g
鰹節…ひとつかみ
三つ葉（粗く刻む）…適量

1. ちくわは輪切りにする。
2. 鍋に**A**を入れて中火にかけ、沸いたらきのこ、おから、ちくわを入れて汁気がなくなるまで煮る。
3. 火を止めて鰹節、三つ葉を加え、混ぜ合わせる。

きのこの醤油煮おにぎり

新米の美味しさも引き立つ
見た目も可愛い秋ご飯。

〈材 料〉 4個分

温かいご飯…茶碗2杯分
きのこの醤油煮（›p.89）…大さじ2
塩…少々

1. ご飯にきのこの醤油煮を加え、よく混ぜる。
2. 手に水、塩をつけ、好みの形に握る。

きのこの春雨炒め

いろんな野菜と合わせて
具だくさんの春雨に。

〈材 料〉 2〜3人分

きのこの醤油煮（›p.89）…50g
緑豆春雨…50g
玉ねぎ…1/8個
にんじん…1/4本
ニラ…3〜4本
ごま油…大さじ1
塩…少々

A
- 醤油、赤ワイン、みりん…各大さじ1
- しょうが（すりおろし）…1/2かけ分
- ごま油…大さじ1
- 白炒りごま…少々

1. 春雨は湯に浸けて戻し、水気をきる。玉ねぎ、にんじんは細切り、ニラは食べやすい大きさに切る。**A**は混ぜ合わせておく。
2. フライパンにごま油を中火で熱し、玉ねぎ、にんじんを炒める。しんなりしたらきのこ、春雨、**A**を加え、汁気がなくなるまで炒める。
3. ニラを加えてさっと炒め、塩で味を調える。

栗《くり》

秋になるとほっくりしたものが
恋しくなります。
栗はぜひ食べたい秋の象徴。
むくのに少し
気合いがいりますが
頑張って下ごしらえすれば
おやつや栗ご飯以外にも
ほっくりを楽しめる
おかずになります。
艶のあるふっくらした
栗を選びましょう。

保存方法

冷ましてから保存袋に入れて密閉し、冷蔵で4～5日保存可能。

おかずの素

蒸し栗

まずゆでてアクをとり、
蒸して美味しさを
閉じ込めましょう。

〈材料〉 作りやすい分量

栗…1kg
塩…大さじ1

1 栗は水に一晩浸けるか熱湯に浸けながら、外皮と鬼皮をむいて再び水に浸ける。栗が大きい場合は半分に切る。

2 栗の倍程度の水を鍋に入れて沸かし、塩を加えてかき混ぜる。水きりした栗を入れ、中火で3分ほどゆでてざるに上げる。

3 2を蒸気がたっぷり上がった蒸し器に重ならないように並べ、中火で栗に火が通るまで10～15分蒸す。

蒸し栗とベーコンのフリット

ほっくりとした栗の甘みと
ベーコンのしょっぱさが一体に。

〈材 料〉4個分

蒸し栗（▸p.92）…4個
スライスベーコン…4枚
A　炭酸水（冷たいもの）…1/4カップ
　　薄力粉…1/4カップ
揚げ油…適量

1 蒸し栗にベーコンを巻き、巻き終りを爪楊枝で留める。
2 ボウルにAを混ぜ合わせ、1をくぐらせて衣をつける。
3 揚げ油を中温に熱し、2を入れて3～4分揚げる。油をきり、爪楊枝を外す。

蒸し栗と鶏の煮物

栗を加えるだけで豪華な印象に。
深みのある味わいが秋の気分です。

〈材 料〉作りやすい分量

鶏もも肉…1枚
干ししいたけ…5個
ブロッコリー…1/2個
ごま油…大さじ1
A　醤油、酒、みりん…各大さじ1
　　干ししいたけの戻し汁…大さじ2
蒸し栗（▸p.92）…8個

1 鶏もも肉は食べやすい大きさに、干ししいたけは水で戻し半分に切る（戻し汁はAに使用）。ブロッコリーは小房に分け、塩ゆでする。
2 フライパンにごま油を中火で熱し、鶏肉を入れて焼き色がつくまで焼く。余分な油をふきとり、しいたけ、Aを加え、煮汁が少なくなるまで煮る。
3 蒸し栗を加えて煮汁を絡め、ブロッコリーを加えて火を止める。

栗ご飯

火の通りが心配になる栗ご飯ですが
蒸し栗をあとのせすれば失敗もなし。

〈材 料〉作りやすい分量

米…2合
水…360mℓ
昆布…8cm角1枚
塩…小さじ1
薄口醤油…小さじ2
蒸し栗（▸p.92）…20個程度

1 米はとぎ、材料の水、昆布と合わせて30分ほど浸けておく。（前日の晩に行い、冷蔵庫に入れておいてもOK）。
2 鍋に1と塩、薄口醤油を入れて軽く混ぜ、強火にかける。沸騰したら弱火にして水分がなくなるまで10分ほど炊く。
3 栗は大きい場合は半分に切り、炊き上ったご飯にのせて15分蒸らす。昆布を取り除き、栗が潰れないように混ぜ合わせる。

秋刀魚《さんま》

脂の感じが少し苦手でしたが、いつからか秋刀魚が大好きになりました。お教室ではオイル漬けにしたり、塩焼き以外の秋刀魚料理に。みなさんも興味津々です。お弁当にはご飯が進むよう、甘辛くおかか煮に。ほぐしやすいので骨が苦手な方にも食べやすい一品です。

保存方法

冷めたら煮汁と一緒に保存容器に入れ、冷蔵で4〜5日保存可能。

おかずの素

秋刀魚のおかか煮

甘辛く醤油で煮てから最後に鰹節をたっぷりまぶします。だしが不要の便利な調理法です。

〈材料〉 作りやすい分量

秋刀魚…3尾

A 酒、醤油、みりん…各1/4カップ
きび砂糖…大さじ1
米酢…小さじ1
水…1/2カップ

鰹節…ひとつかみ

1 秋刀魚は頭を落とし、腹に切り込みを入れてワタを取り出す。水で洗って水気をふきとり、5㎝幅に切る。

2 鍋に**A**を煮立たせて**1**を並べ入れ、ペーパータオルで落とし蓋をし、中火で約15分煮る。煮汁が少なくなったら鰹節をふり入れて火を止める。

秋刀魚の混ぜご飯

大きめにほぐした秋刀魚を混ぜるだけ。
しょうがを効かせればより食も進みます。

〈材 料〉茶碗1杯分

秋刀魚のおかか煮
(▸p.94)…1切れ
玄米ご飯(温かいもの)
…茶碗1杯分
しょうが(千切り)
…少々

1 秋刀魚は骨をとり、身をほぐす。

2 ボウルにすべての材料を入れて混ぜ合わせる。好みでおにぎりを握る。

秋刀魚とキャベツのマリネ

おかか煮とごま油で作る和風マリネ。
梅干しの酸味できりっと締めます。

〈材 料〉4人分

秋刀魚のおかか煮
(▸p.94)…1切れ
梅干し…1個
キャベツ…1枚
ごま油…小さじ1

1 秋刀魚は骨をとり、身をほぐす。梅干しは種をとり、包丁で叩く。キャベツは食べやすい大きさにちぎる。

2 ボウルにすべての材料を入れて混ぜ合わせる。

秋刀魚とさつまいもの炒め物

おかか煮の煮汁で味つけする簡単炒め物。
ほっくり&こっくり秋らしい味わいです。

〈材 料〉4人分

秋刀魚のおかか煮
(▸p.94)…1切れ
さつまいも…中1/4本
ごま油…大さじ1
秋刀魚の
おかか煮の煮汁
(▸p.94)…大さじ1/2

1 秋刀魚は骨をとり、身をほぐす。さつまいもは食べやすい大きさに切り、水に5分ほど浸けてアクを抜き、水気をきっておく。

2 フライパンにごま油を中火で熱し、さつまいもを炒める。火が通ったら秋刀魚と煮汁を加え、焦げないように絡める。

秋のペースト

バラエティに富んだ秋の味。
コクのあるもの、甘酸っぱいもの、
メリハリよく取り入れて。

ピーナッツペースト

ピーナッツとメイプルシロップのコクで
デザートにも料理にも合います。
香ばしさが秋らしい、いいアクセントに。

〈材 料〉 作りやすい分量

ローストピーナッツ…50g
メイプルシロップ…大さじ2
醤油…大さじ1

1 すべての材料をフードプロセッサーに入れ、なめらかになるまで撹拌する。またはすり鉢でする。

保存方法

保存瓶や保存容器に入れ、冷蔵で2週間ほど保存可能。

美味しい使い方

○ 厚揚げとちんげん菜の和え物

厚揚げ1/4枚、ちんげん菜1/2束は食べやすい大きさに切り、塩を加えた熱湯でさっとゆでる。水気をきり、ピーナッツペースト大さじ1、ごま油小さじ1で和え、塩少々で味を調える。

○ ピーナッツサンド

ドライフルーツのパン1枚にピーナッツペースト適量を塗り、もう1枚のパンではさむ。

プルーンソース

プルーンと紫玉ねぎで
バーガンディ色のサルサソースに。
甘酸っぱさとかくし味の七味で
お肉や野菜がたくさん食べられます。

〈材料〉 作りやすい分量

プルーン…4個
紫玉ねぎ…1/12個
A
米酢、メイプルシロップ…各小さじ2
塩…小さじ1/2
七味…少々

1 プルーンは種をとって粗みじん切りに、紫玉ねぎはみじん切りにする。

2 ボウルに**1**と**A**を入れて混ぜ合わせる。

保存方法

保存瓶や保存容器に入れ、冷蔵で1週間ほど保存可能。

美味しい使い方

○ 切り干し大根のマリネ

切り干し大根40gを水で戻し、水気を絞ってボウルに入れ、プルーンソース大さじ2、オリーブオイル大さじ1/2、塩、こしょう各少々を加えてよく和える。

○ 焼肉とプルーンソース

焼肉用カルビ肉4切れに塩少々をふり、ごま油小さじ1を熱したフライパンで好みの加減に焼き、プルーンソース大さじ1をかける。

大豆《だいず》

新米が出まわり始めると、
お豆も新物が出てきます。
大豆はたっぷりの水に浸け、
ぷっくりと戻ったら
我が家ではゆでるより
大きなせいろで蒸します。
蒸すと味が濃く仕上がるので
美味しい大豆が手に入ったら、
多めに作って保存しましょう。
冷凍すればいつでも、
好きなだけ使えます。
お弁当は少しのおかずが
有り難く感じるもの。
蒸し大豆に
感謝したくなります。

おかずの素

蒸し大豆

たっぷりの水でゆっくり戻しましょう。冷凍するときは、保存袋に平たく入れて一粒ずつパラパラに凍らせると使いやすくて便利です。

〈**材料**〉でき上がり500g分

大豆（乾燥）…250g

1 大豆は4倍量程度の水に一晩浸けて戻し（**a**）、水気をきる。

2 **1**を蒸気がたっぷり上がった蒸し器に入れ（**b**）、中火で30～40分蒸す（**c**）。一粒とって食べてみて（**d**）、好みの硬さになったら火を止める。

保存方法

冷めたら保存袋に入れ密閉し、冷蔵で4～5日、冷凍で1カ月保存可能。

a

b

c

d

大豆の海苔和え

昆布煮は時間がかかりますがこれなら簡単。
海苔がまったり絡んで一層美味しく。

〈材 料〉4人分

焼き海苔（全形）…1/2枚
蒸し大豆（▸p.99）…100g
醤油…小さじ1

1 ボウルに焼き海苔を小さくちぎって入れ、大豆、醤油を加えてよく和える。

大豆のカレーポテサラ風

蒸し大豆をマッシュしたコクのあるポテサラ風。
カレー粉と生野菜がいいアクセントに。

〈材 料〉4人分

蒸し大豆（▸p.99）…100g
セロリ…5㎝
きゅうり…1/4本
A マヨネーズ…大さじ2
　白ワインビネガー…大さじ1・1/2
　カレー粉…小さじ2
塩、こしょう…各少々

1 蒸し大豆はすり鉢などでなめらかになるまですり潰す。セロリは筋をとって薄切りに、きゅうりも薄切りにする。
2 ボウルに **1** を合わせ、混ぜ合わせた **A** を加えてよく混ぜ、塩、こしょうで味を調える。

チリビーンズ

スパイシーな味でおかずのアクセントに。
パンや麺とも相性がよく、用途が広がります。

〈材 料〉作りやすい分量

玉ねぎ…1/4個
セロリ…5㎝
にんにく…1かけ
オリーブオイル…大さじ2
合挽き肉…100g
A トマト缶（ダイスカット）…1カップ
　ローリエ…1枚
　香菜（みじん切り）…少々
　チリパウダー…小さじ1〜2
　オリーブオイル…大さじ1
　白ワインビネガー…大さじ1/2
蒸し大豆（▸p.99）…200g
塩、こしょう…各少々

1 玉ねぎ、セロリ、にんにくはみじん切りにする。
2 鍋ににんにく、オリーブオイルを入れて弱火にかけ、香りが出てきたら挽き肉を入れて中火で炒める。肉の色が変わったら玉ねぎ、セロリ、塩、こしょうを加え、混ぜながら炒め合わせる。
3 玉ねぎが透き通ったら **A** を加え、蓋をして20分煮込む。汁気が少なくなってきたら大豆を加え、さらに汁気がなくなるまで煮込み、塩、こしょうで味を調える。

大豆と桜海老のかき揚げ

秋漁を迎えた生の桜海老を一緒に揚げて香りを引き出します。

〈材 料〉4〜5個分

A
- **蒸し大豆**（▸p.99）…100g
- 桜海老…8g
- 三つ葉（ざく切り）…2〜3本分
- 薄力粉…大さじ1/2

B
- 薄力粉、片栗粉…各大さじ1
- 冷水…大さじ2

揚げ油…適量
塩…少々

1 ボウルにAの材料を入れ、さっと混ぜ合わせる。

2 別のボウルにBを混ぜ合わせ、1に加えてさっくりと混ぜる。

3 揚げ油を中温に熱し、1をお玉1杯弱ずつ静かに流し入れ、カリッとするまで2〜3分揚げる。油をきり、塩をふる。

MEMO.
衣を絡める前に具材に薄力粉をまぶしておくと、衣がなじんでまとめやすくなります。さらに油に入れたときに形を崩れにくくする効果も。

大豆とじゃこ、梅の混ぜご飯

じゃこや梅、大葉も入れて栄養価も高めたバランスご飯です。

〈材 料〉茶碗1杯分

- カリカリ小梅…2個
- 大葉…1枚
- **蒸し大豆**（▸p.99）…20g
- ちりめんじゃこ…5g
- 白炒りごま…少々
- 塩…少々
- ご飯（温かいもの）…茶碗1杯分

1 小梅は半分に切って種をとり、細かく刻む。大葉は細切りにする。

2 ボウルにすべての材料を入れて混ぜ合わせる。

MEMO.
淡白な大豆だけだとお弁当には物足りない。そこでカリカリ梅とじゃこを加え、味と食感にリズムをつけて。大豆のほっくり感も引き立ちます。

れんこん

我が家でも人気の秋野菜。シャキシャキ感と、もっちりした歯触りの二つの特徴を持ち、切り方でその食感は変わってきます。端正な味なので、いろいろな料理に使いやすく、お弁当にもよく登場します。乾燥していない、透明感のあるものを選びましょう。

保存方法

冷めたら保存袋、または保存容器に入れ、冷蔵で4〜5日保存可能。

おかずの素

れんこんの塩きんぴら

醤油を使わず、塩と酢できりっと味つけするのが我が家のきんぴら。お好みで七味をかけても。

〈材料〉 作りやすい分量

れんこん…大1節（約300g）
赤唐辛子（小口切り）…3〜4切れ
ごま油…大さじ2・$\frac{1}{2}$
A 酒、みりん、米酢…各大さじ1
塩…小さじ$\frac{1}{3}$

1 れんこんは皮をむいて縦半分に切り、7〜8㎜厚さの半月切りにして、水にさらす。

2 フライパンに赤唐辛子、ごま油を入れて弱火にかけ、香りが出てきたら水気をふきとった**1**を入れ、中火で炒める。

3 れんこんに火が通ったら**A**を加え、汁気がなくなるまで炒める。

海老団子のれんこんはさみ蒸し

味をつけたきんぴらを使うことで
蒸しても味がぼやけずコクのあるおかずに。

〈**材 料**〉10個分

ニラ…3～4本

A
- むき海老…200g
- はんぺん…1/2枚
- しょうが（すりおろし）…小さじ1/2
- 片栗粉…大さじ1

A
- 塩…小さじ1/4
- こしょう…少々

れんこんの塩きんぴら（▸p.102）…20枚
片栗粉…少々

1 ニラはみじん切りにする。

2 **A**はフードプロセッサーにかける、またはすり鉢で好みのなめらかさになるまですり、**1**を加えてよく混ぜ合わせ、10等分にする。

3 れんこん2枚の片面に片栗粉をつけ、**2**をのせてはさむ。同様に全部で10個作る。

4 蒸気がたっぷり上がった蒸し器に**3**を入れ、8分ほど蒸す。

MEMO.
れんこんの内側に片栗粉を薄くまぶすことで、海老のたねがしっかりくっついてきれいに蒸し上がります。

れんこんと柿、春菊のマリネ

旬物が出まわり始める春菊と柿を合わせ
季節の移り変わりを味覚で楽しみます。

〈**材 料**〉4人分

柿…1/4個
れんこんの塩きんぴら（▸p.102）…60g
春菊…2～3本
柚子こしょう、ごま油、
白炒りごま…各少々

1 柿は皮をむき、れんこんの大きさに合わせて切る。春菊は茎を半分の長さに切り、葉を食べやすい大きさに切る。

2 ボウルにすべての材料を入れ、よく混ぜ合わせる。

MEMO.
春菊のほろ苦さ、柿のコクのある甘みをまとめるように、柚子こしょうを加えてきりっと仕上げます。

秋の一品主役弁当

食欲も真っ盛り。恵みの味を惜しみなく使い、
お腹を満たすボリューム満点の秋弁当を作りましょう。

魯肉飯《ルーローハン》弁当

塊肉を刻んで食べごたえを出し、濃厚な味つけに。
五香粉をふって香りを立たせれば一品でも大満足！

〈材 料〉2人分

干ししいたけ…3個
水…1/2カップ
豚バラ肉、
またはロース肉（塊）…400g

A｜干ししいたけの戻し汁、
　｜醤油、紹興酒（なければ料理酒）
　｜…各大さじ2
　｜黒酢、きび砂糖、
　｜オイスターソース…各大さじ1

しょうが（薄切り）…3～4枚
五香粉…少々
ご飯（温かいもの）…適量
高菜の漬物…適量
ゆで卵、ゆでたもやし、香菜…適宜

1 干ししいたけは材料の水に浸けて戻す（戻し汁はAに使用）。

2 豚肉、1のしいたけは粗みじん切りにする。

3 鍋に2、A、しょうがを入れて中火にかける。沸いたら火を弱め、汁気がなくなるまでときどき混ぜながら煮込み、五香粉をふる。

4 弁当箱にご飯を詰め、3をまんべんなくのせ、高菜を添える。好みでゆで卵、もやし、香菜を添える。

POINT.
アンティークリネンのクロスで秋らしく。紺色のレンゲで全体が引き締まります。

POINT.
ネイビーのチェックに赤いラインがアクセントになった「ホームスパン」のクロスでコーディネート。

ビーフン弁当

秋になると美味しくなるちんげん菜ときのこをたっぷり。
シンプルな味つけで素材のうま味を生かします。

〈材 料〉 2人分

玄米ビーフン…100g
むき海老…8尾
豚ロース薄切り肉…2枚
エリンギ…小1個
ちんげん菜…1/2束
玉ねぎ…1/6個
ごま油…大さじ4

A 酒、オイスターソース…各大さじ2
醤油…小さじ2

塩、こしょう…各少々

1 ビーフンはかぶる程度の熱湯に1分ほど浸けて戻し、水気をきる。むき海老は背ワタをとり、塩、片栗粉、水各少々(各分量外)を入れてもみ、汚れをとる。豚肉、エリンギ、ちんげん菜は細切りにする。玉ねぎは薄切りにする。

2 フライパンにごま油を中火で熱し、海老、豚肉を炒める。火が通ったら残りの野菜を加え、塩、こしょうをふって炒める。

3 野菜がしんなりしたらビーフン、Aを加え、汁気がなくなるまで炒め、塩、こしょうで味を調える。

中華ちまき弁当

きのこの醤油煮や蒸し大豆を使ったお手軽ちまき。
米にうま味をたっぷり吸わせてコクのある秋味に。

〈材 料〉 小12個分

もち米…1合
ごま油…大さじ1
蒸し大豆（▸p.99）…80g
桜海老…3g
きのこの醤油煮（▸p.89）…50g
水…1/2カップ
酒、醤油、みりん…各小さじ2
オイスターソース…小さじ1
竹の皮…大6枚

1 もち米は、たっぷりの水に半日浸けてざるに上げ、水気をきる（前の晩に行い、冷蔵庫に入れておいてもOK）。

2 フライパンにごま油を中火で熱し、大豆、桜海老を加えて炒める。油がまわったら竹の皮以外の材料を入れ、汁気がなくなるまで炒め煮にする。

3 竹の皮を半分に切り、端を三角形に折って**2**を入れて包む。

4 蒸気がたっぷり上がった蒸し器に入れ、もち米が柔らかくなるまで30〜40分蒸す。

※竹の皮に包んだ状態で保存袋に入れ、冷凍で1カ月保存可能。

POINT.
小さいせいろで蒸してそのままお弁当箱にするのが我が家流。大きめのクロスで包めば持ち運びも問題なし。

POINT.
中身が甘い一品ということもあり、可愛らしさ、秋っぽさを感じる赤いリネンでシンプルにまとめます。

秋果のフルーツサンド弁当

秋の果実は味が濃厚で水分が出にくくサンドイッチに最適。
たっぷりのホイップをまとわせれば乙女な一品に。

〈材 料〉 2人分

いちじく…1個
洋梨…1/4個
プルーン…4個
サンドイッチ用食パン
(白、ライ麦)…各2枚
生クリーム(泡立てたもの)…適量

1 果物は皮や種を除き、食べやすい大きさに切る。
2 食パン各1枚に生クリームを塗り、白パンにはいちじく、ライ麦パンには洋梨とプルーンをのせ、さらに生クリームをかぶせるようにのせ、残りのパンではさむ。
3 **2**をラップで包み、冷蔵庫で少し休ませる。パンの耳があれば切り落とし、弁当箱のサイズに合わせてカットする。

秋のイベント弁当

生い茂った緑も少しずつ色づき始め、
風が吹くたびにひらひらと舞い散り、
芝生はまるで落ち葉の絨毯のように……。
娘が小学生のころは、学校や町内会の運動会など、
行事が多い季節でしたが、
高校生にもなると、体育祭では別々のお昼ですし、
休日も一緒に過ごすことが少なくなり、
一緒にお弁当を囲むことがほとんどなくなりました。
少し寂しくも感じますが、私は私で、
気のおけない人たちと見晴らしのいい丘の上へ。
落ち葉の絨毯の上でお弁当を楽しみます。
娘世代は好まないだろう、
ぎんなんやほうじ茶の香りご飯など、
40代女子好みの少し渋めの秋弁当。
取り皿や箸も使い捨てではなく、少しこだわって。
大人だけの行楽弁当もいいものですね。

いなり寿司
ほうじ茶飯と菊花、
焼き秋刀魚のおにぎり
鮭の
甘酒漬け焼き
鶏のアーモンド揚げ
だし巻き卵
›p.76
れんこんと柿、
春菊のマリネ
›p.103

いなり寿司

〈材 料〉10個分

米…2合
水…300mℓ
昆布…5cm角1枚
A 米酢…大さじ4
　砂糖…大さじ3
　塩…小さじ1
干ししいたけ…4個
油揚げ…5枚
すだちの皮…少々
白炒りごま…少々
B 干ししいたけの戻し汁…2カップ
　醤油…大さじ2・1/2
　みりん、きび砂糖…各大さじ2

1 酢飯を作る。米はといで材料の水に浸け、昆布を加えて30分～1時間浸水させて炊く。10分ほど蒸らしてから寿司桶に入れ、よく混ぜ合わせた**A**をまわしかけ、しゃもじで切るように混ぜ合わせて冷ます。

2 干ししいたけは水2カップに浸けて戻し、細切りにする(戻し汁は**B**に使用)。油揚げは縦半分に切り、熱湯でさっとゆでて油抜きする。ざるに上げ、冷めたら水気を絞って丸箸を転がし、切り口を袋状に開く。

3 鍋に**2**、**B**を入れ、落とし蓋をして中火にかける。沸騰したら弱火にし、汁気がなくなるまで煮てそのまま冷ます。

4 酢飯に**3**のしいたけ、ごま、すだちの皮を加えて混ぜ合わせ、10等分にする。**3**の油揚げの汁気をきり、酢飯を軽く握って詰めて口を閉じる。

ほうじ茶飯と菊花、焼き秋刀魚のおにぎり

〈材 料〉10個分

米…2合
濃いめに入れたほうじ茶…360mℓ
塩…ひとつまみ
菊花…3個(10g)
A 米酢…大さじ1
　砂糖…大さじ1/3
　塩…少々
秋刀魚の塩焼き…1尾分

1 米はといで1時間ほど浸水させ、ざるに上げて水気をきる。鍋に米、冷ましたほうじ茶、塩を入れて強火にかけ、沸騰したら弱火にして水分がなくなるまで10分ほど炊き、10分蒸らす。

2 小鍋に**A**を入れてひと煮立ちさせ、粗熱がとれたら菊花を入れて10分以上漬け、甘酢漬けにする。

3 ほうじ茶飯、ほぐした秋刀魚の身、汁気を絞った菊花を混ぜ合わせ、10等分にしておにぎりを握る。お弁当箱に詰め、菊花(分量外)を散らす。

鶏のアーモンド揚げ

〈材 料〉作りやすい分量

鶏ささみ…4本
A 酒…大さじ1
　醤油…小さじ1
　塩…小さじ1/4
薄力粉、溶き卵…各適量
B パン粉…1/3カップ
　アーモンドダイス…50g
揚げ油…適量

1 ささみは筋をとって斜め細切りにする。ボウルに混ぜ合わせた**A**と一緒に入れ、もみ込む。

2 **1**を薄力粉、溶き卵、混ぜ合わせた**B**の順につけ、中温に熱した揚げ油に入れ、4～5分揚げる。

鮭の甘酒漬け焼き

〈材 料〉4人分

鮭の甘酒漬け(›p.85)…3切れ

1 鮭についている甘酒を取り除き、3等分に切る。

2 魚焼きグリル、またはオーブンで焼き色がつくまで7～8分焼く。

冬

Winter

早朝、冷たい空気がぴんと張り詰める薄暗い台所。
リビングのガスヒーターとアラジンをつけてから、
お湯を沸かして、
しゅんしゅんと沸き立った湯気で温まりながら
自分を奮い立たせます。
さあ、寒さと時間との闘いです。
おかずの素、前の晩に作ったものを駆使して、
ご飯を炊いて、いつものだし巻き卵を焼いて。
お弁当箱に思い通りに仕上げれば、
なんだか今日も勝負に勝った気分。
気づけば冷え切った指先も体も、ポカポカに。
まずは主人が、そして娘の行ってきます！が聞こえると、
ほっと頬がゆるみ、一日のお母さん業の三分の一が終わった感じ。
朝も寒さも苦手な私。冬ほど、ちょっとした下ごしらえや
段取りに、助かった！と思うことはありません。
最近では、保温性の優れたお弁当箱やスープジャーがあって
スープやお味噌汁、丼ものなども持っていけるように。
冬弁当のバリエーションが増え、家族も私も嬉しいです。

冬の旬弁当

水菜とかにの
混ぜご飯
p.133
鱈とねぎ、
百合根の海苔春巻き
p.119
鱈のコロッケ
p.118
ほうれん草の
卵巻き
p.133
みかんジャムの
鶏の照り焼き
p.135
春菊の塩ゆで
p.131
カリフラワーと
鶏肉の炒め物
p.127
大根のおかか和え
p.122
水菜と金柑のマリネ
p.133

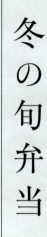

大根の葉のふりかけ
›p.123
鱈のチーズ焼き
›p.119
白菜と豚肉の
炒め物
›p.125
マーボー大根
›p.122
ブロッコリーの
海苔和え
›p.129
白菜漬けの
シューマイ
›p.125
春菊と里芋の
味噌和え
›p.132
ほうれん草の
くるみ和え
›p.132
ねぎしょうがチャーハン
›p.128

鱈《たら》

光沢のあるシルクのような、
きめ細やかな質感が
印象的な鱈。
淡泊でほろっと崩れる身は
食べやすく、愛される味。
和風だけでなく、
洋風や中華風、
いろいろな食材とも
調和のとれる存在。
我が家でも冬になると、
定番のお鍋はもちろん、
揚げたり、グラタンに入れたりと、
何かと重宝しています。
お弁当でも美味しいように
白味噌に漬け込んで
ご飯の進むおかずにしたり、
アレンジが効くようにします。
白く透き通る、
ふっくらとした切り身を選んで。

おかずの素

鱈の味噌漬け

鱈に塩をふって下味をつけながら
余分な水分を出しましょう。
味噌のうま味が鱈に入りやすくなります。

〈材料〉 作りやすい分量

真鱈…3切れ
塩…小さじ1
A 白味噌…大さじ3強
みりん…大さじ1
酒…小さじ1

1 鱈に塩をふり（**a**）、15分ほどおいて出てきた水分をペーパータオルで軽くおさえる（**b**）。

2 **A**をよく混ぜ合わせ（**c**）、**1**の両面にたっぷりと塗り（**d**）漬ける。半日ほどおけば食べ頃に。

a

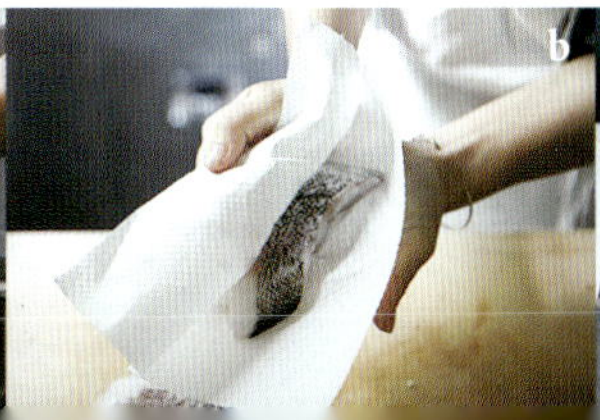
b

c

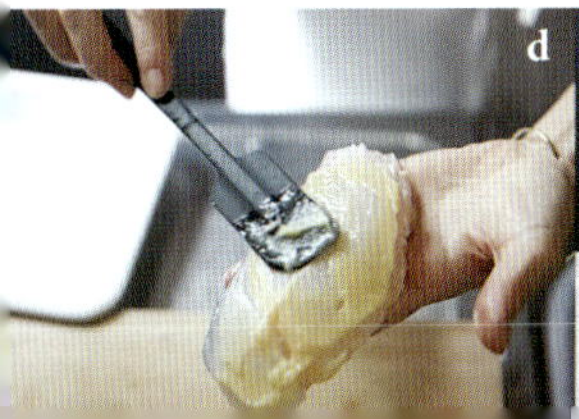
d

保存方法

保存袋に入れて密閉、または保存容器に入れ、冷蔵で4〜5日保存可能。

鱈とせりの混ぜご飯

春に向けて香りが増すせりで
季節の移ろいを感じる一品に。

〈材 料〉茶碗2杯分

鱈の味噌漬け（➤p.117）
…1切れ
せり、白炒りごま…各適量
ご飯（温かいもの）…茶碗2杯分

1 鱈は味噌を少しぬぐい、魚焼きグリルで焼き色がつくまで焼き、皮と骨を除いてほぐしておく。せりは茎をみじん切りに、葉を食べやすく切る。

2 ボウルにすべての材料を入れてよく混ぜ、好みでおにぎりを握る。

鱈のコロッケ

秋冬に美味しい里芋と混ぜて
ほっこりねっとりの冬味に。

〈材 料〉8個分

鱈の味噌漬け（➤p.117）…1切れ
里芋…4個
塩、こしょう…各少々
薄力粉、溶き卵、パン粉…各適量
揚げ油…適量
マヨネーズ、ディル（刻む）…各少々

1 鱈は味噌を少しぬぐい、魚焼きグリルで焼き色がつくまで焼き、皮と骨を除いてほぐしておく。里芋は蒸気がたっぷり上がった蒸し器に入れ、潰せるくらいの柔らかさになるまで蒸す。皮をむいてすり鉢に入れ、なめらかになるまで潰し、塩、こしょうで下味をつける。

2 **1**の里芋に鱈を入れてよく混ぜ合わせ、8等分にして丸め、薄力粉、溶き卵、パン粉の順に衣をつける。

3 揚げ油を中温に熱し、**2**を入れてきつね色になるまで3〜4分揚げて油をきり、マヨネーズ、ディルをのせる。

鱈と三つ葉の和え物

味噌漬けと梅干しが味のベース。
ごまの香ばしさもいい風味に。

〈材 料〉2人分

鱈の味噌漬け（➤p.117）
…1切れ
きゅうり…1/2本
三つ葉…適量
梅干し…1個
ごま油…小さじ1

1 鱈は味噌を少しぬぐい、魚焼きグリルで焼き色がつくまで焼き、皮と骨を除いてほぐしておく。きゅうりは一口大の乱切りに、三つ葉は粗く刻む。梅干しは種をとり、包丁で叩く。

2 ボウルにすべての材料を入れてよく和える。

鱈のチーズ焼き

こんがりが嬉しい味噌とチーズの名コンビ。
最後に散らす柚子が冬らしい風味づけに。

〈材 料〉3切れ分

鱈の味噌漬け（›p.117）…1切れ
シュレッドチーズ…3つまみ
オリーブオイル、柚子の皮…各少々

1 鱈は味噌を少しぬぐい、3等分に切る。

2 **1** にシュレッドチーズをのせ、オーブンシートをしいた天板に並べる。オリーブオイルをたらし、200℃に予熱したオーブンでチーズに焼き色がつくまで10分ほど焼く。熱いうちに柚子の皮を散らす。

MEMO.
シュレッドチーズをたっぷりのせればあとはオーブンにお任せです。チーズが溶けてできたこげも美味しいおかずに。

鱈とねぎ、百合根の海苔春巻き

包んで揚げれば百合根のほくほく感と
鱈と旬のねぎの甘みのハーモニーが楽しめます。

〈材 料〉4本分

鱈の味噌漬け（›p.117）
…1切れ
長ねぎ…1/2本
百合根…1/4個
ごま油…小さじ1
塩、こしょう…各少々
春巻きの皮…4枚
味海苔…8枚
水溶き薄力粉…少々
揚げ油…適量

1 鱈は味噌を少しぬぐい、魚焼きグリルで焼き色がつくまで焼き、皮と骨を除いてほぐしておく。長ねぎは斜め薄切り、百合根は1枚ずつはがす。

2 ボウルに **1** とごま油、塩、こしょうを入れてよく混ぜ合わせ、4等分にする。

3 春巻きの皮の手前に海苔2枚をのせ、上に **2** をのせて具を包むように巻き、巻き終りに水溶き薄力粉を塗って留める。同様に全部で4本作る。

4 揚げ油を中温に熱し、**3** を入れてきつね色になるまで4〜5分揚げて油をきる。

MEMO.
具は加熱なしで海苔の上にのせるだけ。揚げるとねぎと百合根がほどよく蒸されて甘くなり、食感はほっくり。

大根《だいこん》

美味しい大根が食べたいときは、三浦の市場へ。
朝掘りたての、抱えるほど立派なものが安く買えます。
皮は柔らかく、葉も立派。
切り口から水分があふれ出てくるのを見ると、
大地の恵みを余すことなくいただきたいと思います。
実はいろいろに使えるよう昆布で煮込み、味を含ませて。
このままで今晩のおかずに、お弁当にはひとワザ加えて。
昨日のおかずと思わせないのも作り手の腕の見せ所。

おかずの素

大根の昆布煮

新鮮な大根はアクがないので下ゆでなしで大丈夫。
お弁当に入れるときは汁気をよくきって使います。

〈**材料**〉作りやすい分量

大根（葉つき）…１本
昆布…10㎝角１枚
しょうが（薄切り）…３〜４枚
塩…小さじ1
薄口醤油…大さじ1

1 大根は葉を落とし、２〜３㎝幅に切る。皮をむいて面取りし（**a**）、隠し包丁を入れる（**b**）。昆布はぬれ布巾で汚れをふきとる。

2 鍋に**1**、しょうが、大根がかぶる程度の水を入れ、弱火にかける（**c**）。沸騰直前で一度昆布を取り出し、大根に竹串がすーっと通る程度に煮る。

3 塩、醤油を加えて火を止め、昆布を戻し入れてそのまま冷ます。

葉と皮は天日干しに

大根の昆布煮で残った皮は千切りに（**d**）、葉の茎の部分は細かく切り（**e**）、葉の部分はざく切りにしてざるに広げ、２〜３日天日干しにする（**f**）。夜は取り込むこと。しっかり乾いたら保存袋に入れ、常温で６カ月保存可能。

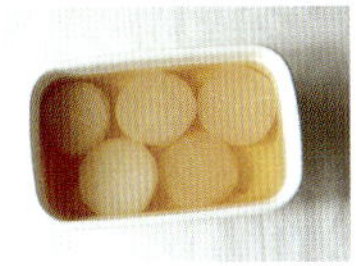

保存方法

粗熱がとれたら保存容器に入れ、冷蔵で4〜5日保存可能。

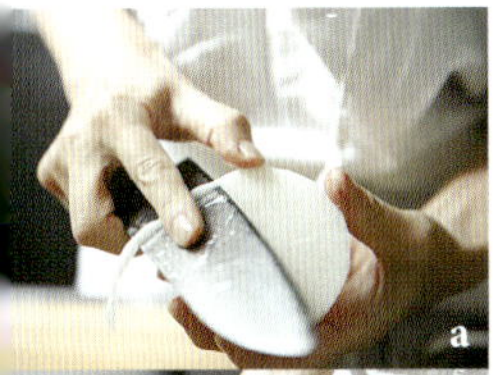
a

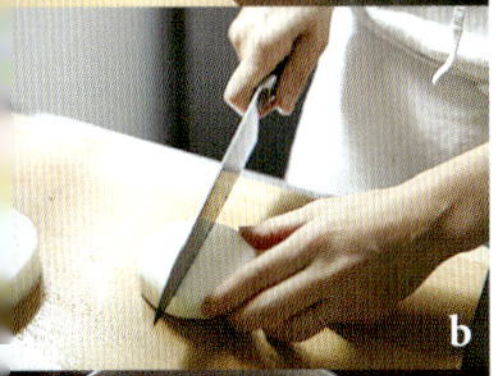
b

c

d

e

f

大根のおかか和え

作りおいた大根に鰹節をまぶすだけで
汁気を防ぐとともに、うま味も増します。

〈材 料〉4人分

大根の昆布煮
(▸p.121)…4個
鰹節…ひとつかみ

1 大根は汁気をきり、食べやすい大きさに切る。
2 ボウルに**1**を入れ、鰹節をまぶして軽く和える。

マーボー大根

豆腐に見立てた大根の食感が新鮮です。
崩れにくいのでお弁当に安心。

〈材 料〉4人分

大根の昆布煮
(▸p.121)…4個
しょうが…1/2かけ
ごま油…小さじ1
鶏そぼろ(▸p.78)…100g
A **大根の昆布煮の煮汁**
(▸p.121)…1/4カップ
豆板醤、オイスター
ソース…各小さじ1
水溶き片栗粉、
万能ねぎ(みじん切り)、
花椒《ホワジャオ》(またはこしょう)…各少々

1 大根は角切りに、しょうがはみじん切りにする。
2 フライパンにごま油、しょうがを入れて弱火にかけ、香りが立ったら鶏そぼろ、大根、**A**を加えて煮る。ひと煮立ちしたら水溶き片栗粉を加えてとろみをつけ、ねぎと花椒をふる。

大根の皮とちくわのきんぴら

旬の大根は皮も美味しく栄養たっぷり。
さっと炒めてちくわのうま味を含ませて。

〈材 料〉4人分

大根の皮の天日干し
(▸p.121)…1本分
ちくわ…2本
ごま油…大さじ1
A みりん、酒、醤油
…各大さじ1
白炒りごま、
七味唐辛子…各少々

1 大根の皮は水で柔らかく戻し、ちくわは細切りにする。
2 鍋を中火にかけてごま油をひき、**1**を入れて炒める。油がまわったら**A**を加え、汁気がなくなるまで炒め、ごまを散らして好みで七味をふる。

大根の葉のふりかけ

歯ごたえが増した葉っぱとつぶつぶ明太子。
ほろ苦さをアクセントにご飯も進みます。

〈材 料〉作りやすい分量

大根の葉の天日干し(›p.121)…ひとつかみ
明太子…1/2腹
ごま油…大さじ1

A みりん、酒、醤油…各大さじ1/2
鰹節…ひとつまみ
白炒りごま…少々

1 大根の葉は水で柔らかく戻して細かく切り、明太子は薄皮をとってほぐしておく。

2 フライパンにごま油を熱し、**1**を入れて炒める、明太子の色が変わったら**A**を加え、汁気がなくなるまで炒める。

MEMO.
天日干ししているので味が入りやすく、さっと炒め煮にするだけでしっかり味に。水分を飛ばすのも時間がかかりません。

焼き大根

こんがり香ばしいおこげも美味しい調味料役。
バターを加えてコクもアップ。

〈材 料〉4人分

大根の昆布煮(›p.121)…4個
油…小さじ1
バター…5g
醤油…小さじ1

1 大根は半分に切る。

2 フライパンに油を中火で熱し、**1**を入れて焼く。両面焼き色がついたらバター、醤油を加え、絡めながら焼く。

MEMO.
先に焼き色をつけてバター醤油を絡めるだけ。お手軽&ボリューミィだから、お弁当の隙間を埋めるのにも役立ちます。

白菜《はくさい》

丸ごと一つ買う方が
水分が抜け出ないため
つい買ってしまいますが、
さあ何にしようかと
考えてしまうことに。
生のままサラダのように
食べたり、
鍋やロール白菜（▶p.137）に、
手間はかかるけどキムチにも。
これも冬の手仕事で外せません。
そしてやっぱり何かと
役立つのは白菜漬けです。
昆布と刻んだ柚子の皮を
一緒に漬け込みます。
気軽に小さな保存袋一袋分から
始めてみましょう。

おかずの素

白菜漬け

小さく切ることで
早く浸かります。
時間が経って酸味が出る
のもまた美味しいです。

〈材料〉作りやすい分量

白菜…½個（500g）
塩…天日干し後の白菜の重量の2%
細切り昆布…5g
柚子の皮…適量
赤唐辛子…2〜3切れ

1 白菜は食べやすい大きさに切り、天日に半日干す。

2 干した後の白菜の重さを量ってボウルに入れ、白菜の重量の2%の塩、残りの材料を加えて混ぜ合わせ、保存容器に入れる。翌日から食べ頃に。

保存方法

保存容器に入れ、冷蔵で2週間ほど保存可能。漬け汁も使用する。

春雨スープ

白菜の甘みが引き立つ味。
体がじんわり温まる一品です。

〈材 料〉2〜3人分

鶏挽き肉…50g

A｜酒、醤油…各小さじ1

白菜漬け（▸p.124）…100g
緑豆春雨…30g
ごま油…大さじ1
えのき（ほぐす）…1/4袋分
うずらの卵（ゆでたもの）…6個

B｜薄口醤油…小さじ2
｜しょうが（すりおろし）…小さじ2
｜水…2カップ
｜**白菜漬けの漬け汁**（▸p.124）
｜…1/4カップ

塩、花椒《ホワジャオ》（またはこしょう）…各少々
水溶きくず粉（または片栗粉）…少々

1 ボウルに挽き肉、Aを入れ軽くもみ込む。白菜は細切りにする。春雨は水に浸けて戻し、水気をきる。

2 鍋を火にかけてごま油をひき、1の挽き肉を入れて中火で炒める。肉の色が変わったら白菜、えのき、うずらの卵、Bを加え、煮立ったら春雨を加える。塩、花椒で味を調え、水溶きくず粉を入れてとろみをつける。

白菜漬けのシューマイ

うま味が詰まった白菜漬けなら
水っぽくならず手軽に作れます。

〈材 料〉30個分

干ししいたけ…2個
白菜漬け（▸p.124）…100g
しょうが…1かけ
豚挽き肉…400g

A｜酒、ごま油、オイスターソース
｜…各大さじ1
｜塩、醤油…各小さじ1
｜こしょう…少々

干ししいたけの戻し汁…1/4カップ
帆立缶（小）…65g
片栗粉…大さじ2
シューマイの皮…30枚

1 干ししいたけは水に浸けて戻し、粗みじん切りに（戻し汁はとっておく）、白菜は細かく刻んで汁気を絞り、しょうがはみじん切りにする。

2 ボウルに挽き肉、Aを入れて粘りが出るまでよく練る。1、しいたけの戻し汁、帆立缶（汁ごと）、片栗粉を加え、さらによく練る。

3 シューマイの皮に2を等分にしてのせ包む。蒸気が上がった蒸し器に入れ、10分ほど蒸す。

※多めに作って冷凍保存しておくと便利。重ならないよう包んで冷凍で1カ月保存可能。

白菜と豚肉の炒め物

豚肉のコクと白菜漬けのうま味を
とろみで美味しく閉じ込めます。

〈材 料〉4人分

豚小間切れ肉…100g

A｜酒、醤油、片栗粉
｜…各小さじ1

白菜漬け（▸p.124）…100g
ごま油…大さじ1
塩、こしょう…各少々

1 ボウルに豚肉とAを入れ、軽くもみ込む。白菜は汁気をきっておく。

2 フライパンにごま油を中火で熱し、豚肉を入れて炒める。豚肉に火が通ったら白菜を加えてさっと炒め、塩、こしょうで味を調える。

カリフラワー

雪が舞い降りたかのような
白く華やかなカリフラワー。
我が家の人たちはブロッコリーより、
カリフラワー派。
主人は立派なカリフラワーを
見かけると買ってくるほど。
蒸したり、フライや
フリットにして食卓へ。
私のお気に入りはピクルス。
そのまま食べるのはもちろん、
ピクルス液も重宝する調味料。
ビタミンCも豊富なので
冬の風邪の予防にもどうぞ。

保存方法

保存瓶に入れて密閉し、ピクルス液に浸かった状態で、冷蔵で2週間保存可能。ピクルス液も使用する。

おかずの素

カリフラワーのピクルス

さっと塩ゆでして歯ごたえよく仕上げます。
好みのスパイスでいろいろ試してみて。

〈材 料〉 作りやすい分量

カリフラワー…1個

A
- アップルビネガー…$\frac{3}{4}$カップ
- 水…1カップ
- きび砂糖…大さじ4
- 塩…小さじ1
- ローリエ…1枚
- 好みのスパイス（黒粒こしょう、レモングラス、クローブ、マスタードシードなど）…各少々

1 カリフラワーは小房に分け、熱湯で1分ほど硬めにゆで、ざるに上げる。

2 **A**の材料を鍋に入れ、ひと煮立ちさせて火を止める。粗熱がとれたら**1**を加え、冷めたら保存瓶に入れて冷蔵庫で保存。翌日から食べ頃に。

カリフラワーと鶏肉の炒め物

炒めることでまろやかに。
カリフラワーの甘みも増します。

〈材 料〉2人分

カリフラワーのピクルス
(▸p.126)…4個
鶏もも肉…1/2枚
塩、こしょう…各少々
オリーブオイル…大さじ1
カリフラワーのピクルスの液
(▸p.126)…大さじ1

1 カリフラワーは食べやすい大きさに切る。鶏肉は一口大に切り、塩、こしょうをふる。

2 フライパンにオリーブオイルを中火で熱し、鶏肉を炒める。色が変わったらカリフラワー、ピクルス液を加えて汁気がなくなるまで炒め、塩、こしょう(分量外)で味を調える。

カリフラワーと豆、りんごのサラダ

みずみずしいりんごとほっくり豆。
食感も味わいも箸休めにぴったり。

〈材 料〉2人分

カリフラワーのピクルス
(▸p.126)…4個
りんご…1/12個
白いんげん豆(ゆでたもの)…70g
ディル(刻む)、塩…各少々
オリーブオイル…小さじ2
カリフラワーのピクルスの液
(▸p.126)…小さじ1

1 カリフラワーは食べやすい大きさに切り、りんごは皮つきのまま薄切りにし、2cm角に切る。

2 ボウルにすべての材料を入れて混ぜ合わせる。

玄米サラダ

旬の野菜と混ぜてさっぱりと。
ちらし寿司感覚で食べられます。

〈材 料〉2〜3人分

A
カリフラワーのピクルス
(▸p.126)…4個
スライスハム…2枚
紫玉ねぎ…1/12個
セロリ…5cm
春菊…少々

玄米ご飯(温かいもの)…茶碗2杯分
カリフラワーのピクルスの液
(▸p.126)…小さじ1
オリーブオイル…小さじ2
白炒りごま、塩、こしょう…各少々

1 Aの材料はそれぞれ粗みじん切りにする。

2 ボウルにすべての材料を入れてよく混ぜ合わせる。

冬のペースト

我が家の定番ともいえる
冬のペーストたち。
みなさんのお弁当でも、
活躍してくれると嬉しいです。

ねぎとしょうがのたれ

冬の甘いねぎを、
しょうがと酢の効いたたれに。
熱したごま油をかけることで、
ねぎの辛味と臭みがなくなります。

〈材料〉 作りやすい分量

長ねぎ…1/2本
しょうが…1かけ
A 米酢、醤油、きび砂糖…各大さじ1
太白ごま油…大さじ1

1 長ねぎは小口切りに、しょうがは千切りにしてボウルに入れ、**A**を混ぜ合わせる。

2 小鍋にごま油を入れて煙が上がるほど熱し、**1**にジュッとかけて混ぜ合わせる。

保存方法

保存容器、または保存瓶に入れ、冷蔵で10日ほど保存可能。

美味しい使い方

○ ねぎしょうがチャーハン

フライパンにごま油大さじ1を熱し、溶き卵1個分、茶碗1杯分のご飯を入れて強火で炒める。ご飯がパラパラしたらじゃこ大さじ1、ねぎとしょうがのたれ大さじ1〜2を加え、汁気を飛ばしながら炒めて塩、こしょう少々で味を調える。

○ 切り干し大根のナムル

切り干し大根40gは水に浸けて戻して水気を絞り、柿1/4個は皮をむいて細切りにし、ボウルに入れてねぎとしょうがのたれ大さじ1を加え、よく和える。

海苔の佃煮

冷たい真冬の海で採れる生海苔は風味よく濃厚です。甘辛く煮込んで、ご飯の進む脇役に。

〈**材料**〉作りやすい分量

生海苔…150g

A 醤油、みりん…各大さじ2
　酒、きび砂糖…各大さじ1

1 生海苔はさっと水洗いして水気をきる。

2 小鍋に**A**を入れて火にかけ、ひと煮立ちしたら**1**を加え、中火で5分ほど煮込む。

保存方法

冷めたら保存容器に入れ、冷蔵庫で10日ほど保存可能。

美味しい使い方

○ブロッコリーの海苔和え

ブロッコリー1/2個は小房に分け、塩少々加えた熱湯で硬めにゆでて水気をきり、海苔の佃煮大さじ1・1/2で和える。

○海苔の佃煮のおにぎり

おにぎりを小さく握り、海苔の佃煮少々をのせる。

冬の葉物

緑鮮やかな冬の葉物たち。
母が作ってくれたお弁当にも
ほうれん草のおひたしや
海苔や卵で巻いたものが、
よく入っていました。
関西で育ったため、小松菜は
関東に越してから知った味。
ほうれん草とはまた違う歯ごたえに、
一気に好きになりました。
家族にも食べてほしいし、
やっぱり緑のおかずがないと、
お弁当はなんだか成立しませんよね。

おかずの素

春菊、水菜、ほうれん草の塩ゆで

旬の葉物はアクも少ないので水にさらさず、その分ゆで時間を短めに。どんな葉物もゆですぎは禁物です。

〈**材料**〉作りやすい分量

春菊、水菜、ほうれん草…各1束
塩…それぞれ小さじ1

1 葉物は水をためたボウルに浸けてふり洗いし、根元は茎を開いて土などを落とす。根元が太い場合は包丁で切り込みを入れておく（**a**）。

2 それぞれ鍋に葉物の半分ほどの高さの水を入れ、火にかける。沸いたら塩を加え（**b**）、葉物を根元から入れて20〜30秒ほどゆでる（**c**）。葉も折りたたむようにして浸し、湯通しのような感覚でさっとゆでてすぐざるにとり（**d**）、平らなざるなどに広げて冷ます（**e**）。

3 粗熱がとれたら水気を絞り、食べやすい大きさに切る。

保存方法

冷めたらそれぞれ保存容器や保存袋に入れ、冷蔵で3〜4日保存可能。

ほうれん草のくるみ和え

定番のごまをくるみに変えて
食感が楽しく香りも豊かな和え衣に。

〈材 料〉4人分

くるみ（炒ったもの）…30g

A | きび砂糖…大さじ1
  | 醤油…小さじ1

ほうれん草の塩ゆで（▸p.131）…1束分

1 くるみはすり鉢で粗めにすり、Aを加えて混ぜ合わせる。

2 1にほうれん草を加えてよく和える。

MEMO.
くるみを粗めにすることでカリカリとした心地よい食感が楽しめます。香ばしい香りも加わるので箸も進むはず。

春菊と里芋の味噌和え

ほろ苦さと爽やかな香り、鮮やかな色彩を
里芋に絡めて見た目も美しい一品に。

〈材 料〉4人分

里芋…3個

春菊の塩ゆで（▸p.131）…1/4束分

A | 白味噌…大さじ1
  | 薄口醤油、
  | きび砂糖…各小さじ1

1 里芋は洗って汚れをとり、皮つきのまま蒸気がたっぷり上がった蒸し器に入れ、竹串がすーっと通るまで蒸す。粗熱をとって皮をむき、一口大に切る。春菊はみじん切りにし、水気を絞る。

2 ボウルに春菊とAを入れて混ぜ合わせ、里芋を加えてよく和える。

MEMO.
細かく刻んだ春菊を調味料と合わせてしっかり混ぜれば、香り豊かな和え衣に。春菊にも味が染み込んで苦味が和らぎます。

水菜とかにの混ぜご飯

かにの美味しいだしとみずみずしい水菜が
上品でやさしい味わいを作ります。

〈材 料〉 茶碗1杯分

水菜の塩ゆで
（▸p.131）…1/4束分
かにの身（缶詰、またはゆでたもの）…30g
白炒りごま…少々
ご飯（温かいもの）…茶碗1杯分
塩…少々

1 水菜は細かく刻んで水気を絞る。
2 ボウルにすべての材料を入れてよく混ぜ合わせる。好みでおにぎりにしても。

ほうれん草の卵巻き

ほうれん草を混ぜずに巻くのが我が家流。
切った断面が美しくおかずの花形に。

〈材 料〉 4人分

卵…2個
A だし…50mℓ
薄口醤油…小さじ1・1/2
みりん…小さじ1/2
油…少々
ほうれん草の塩ゆで
（▸p.131）…1/3束分

1 卵はボウルに割り入れて切るように溶き、**A**を加えよく混ぜ合わせる。
2 卵焼き器を熱してペーパータオルで油を薄くひき、**1**をお玉に軽く1杯分すくって流し入れ、全体に広げる。半熟状になったら、奥にほうれん草をのせて卵で包むように手前へ巻き、奥に戻す。
3 空いた手前に**2**と同様に油を薄くひき、**1**を流し入れて巻く。卵液がなくなるまで繰り返し、焼き上がったら巻きすで巻き、少しおいて切り分ける（▸p.77）。

水菜と金柑のマリネ

金柑を合わせて旬のマリネに。
水菜のシャキシャキ感も楽しめます。

〈材 料〉 4人分

金柑…2個
水菜の塩ゆで
（▸p.131）…1束分
米酢、太白ごま油
…各大さじ1/2

1 金柑は半分に切って種をとり、薄切りにする。
2 ボウルにすべての材料を入れてよく混ぜ合わせる。

みかん

止まらない、止まらない、みかん。
冬の間、何かと手が伸びます。
父が育てていたこともあり、
身近にいただけて助かりますが、
大きく育ちすぎたものや、
時間が経ったものは
味がぼやけたり皮が硬かったり。
そういう場合はジャムにして
みかんを変身させて
楽しみましょう。
おやつにはもちろん、
調味料としても活躍します。

おかずの素

みかんジャム

少し面倒ですが、
丁寧に薄皮を取り除くと
なめらかなジャムに仕上がります。

〈材料〉 作りやすい分量

みかん…6個
砂糖…皮をむいた
　みかんの重量の20%
はちみつ…皮をむいた
　みかんの重量の10%
白ワイン…大さじ2
レモン汁…大さじ1

1 みかんは皮をむき、薄皮をとって半分に切り、さらに4等分に切る。

2 みかんの重量を量って鍋に入れ、残りの材料を加えてさっと混ぜ、汁気が出るまで1時間ほどおく。

3 **2**を中火にかけ、沸いたら火を少し弱め、アクをとりながらとろみがつくまで煮る。

保存方法
保存瓶に入れて冷まし、冷蔵で2週間保存可能。

みかんジャムの鶏の照り焼き

ジャムでまろやかな甘さと
美味しい照りを作ります。

〈材 料〉4人分

鶏もも肉…1枚
塩、こしょう…各少々

A
- **みかんジャム**(▸p.134)…大さじ1・1/2
- 醤油…大さじ1
- 酒…小さじ1

1 鶏肉は塩、こしょうをふり、皮目にフォークで穴を空けて10分ほどおく。出てきた水分をペーパータオルで軽くおさえる。

2 **A**を混ぜ合わせ、**1**と一緒に保存袋に入れて密閉し、冷蔵庫で3時間以上、または一晩漬け込む。

3 **2**を天板にのせ、190℃に予熱したオーブンできつね色になるまで20分ほど焼く。またはフライパンに皮目から入れて焼き、裏返してたれを絡めながら焼く。

みかんジャムとベーコンのコールスロー

ドレッシングに加えて
ベーコンの塩気を引き立てます。

〈材 料〉4人分

ベーコン…1枚
キャベツ…2枚

A
- **みかんジャム**(▸p.134)…大さじ1
- 白ワインビネガー、オリーブオイル…各小さじ1
- 塩、こしょう…各少々

1 ベーコンは細切りにし、フライパンでカリカリになるまで焼く。キャベツは千切りにする。

2 ボウルに**A**を混ぜ合わせ、**1**を加えてよく和える。

みかんジャムとクリームチーズのサンドイッチ

マーマレードより味が濃厚で
チーズとの相性も抜群です。

〈材 料〉ベーグル1個分

ベーグル…1個
クリームチーズ…適量
こしょう…少々
みかんジャム(▸p.134)…大さじ2

1 ベーグルは厚みを半分に切り、下になる方にクリームチーズを塗ってこしょうを散らす。

2 上になる方にみかんジャムを塗り、**1**と合わせてはさみ、食べやすく切る。

冬の一品主役弁当

保温性の優れたジャーやスープボトルに、スープや煮込み料理を。
体も心も温まるランチタイムになるといいですね。

クリームシチュー弁当

具を炒めながらホワイトソースを作る簡単レシピです。
旬の野菜をゴロッと入れてマカロニを加えて食べる我が家の定番。

〈材 料〉 2人分

鶏もも肉…1/2枚

A｜白ワイン…小さじ1
　｜塩、こしょう…各少々

ペコロス…4個
にんじん…1/2本
カリフラワー…1/4個
マカロニ(グラタン用)…60g
バター…15g
薄力粉…大さじ2
牛乳…2カップ
塩、こしょう…各少々
ブロッコリー(ゆでたもの)…適量

1 鶏肉は一口大に切り、Aを軽くもみ込む。ペコロス、にんじん、カリフラワーは食べやすい大きさに切る。マカロニは塩(分量外)を加えた熱湯で表示より少し短めのアルデンテにゆでる。

2 鍋を中火にかけてバターを溶かし、1の鶏肉と野菜を入れて炒める。鶏肉の色が変わったら薄力粉を加えてよく混ぜ合わせ、なじんだら牛乳を少しずつ加えてさらによく混ぜ合わせる。

3 にんじんが柔らかくなるまで弱火で煮込み、塩、こしょうで味を調える。マカロニを別の容器に入れ、好みでブロッコリーを添える。

POINT.
ホーローの密閉容器にスープとマカロニを分けて詰めます。ストライプのリネンバッグに入れて持ち手を結んで固定します。

ロール白菜弁当

大きな白菜を丸ごと買ったときに作る冬の定番おかず。
和食や中華になりがちな白菜ですがトマト味にもよく合います。

〈**材 料**〉2人分

白菜…4枚
塩…少々
玉ねぎ…1/8個
パン粉…1/4カップ
牛乳…40mℓ
合挽き肉…150g
塩…小さじ1/2
こしょう…少々
溶き卵…1/2個分
オリーブオイル…大さじ1

A
ホールトマト缶（手で潰す）…1カップ
白ワイン、水…各1/4カップ
ローリエ…1枚
塩、こしょう…各少々

好みのパン…適宜

1 白菜は塩を加えた熱湯に入れ、柔らかくなるまでゆでてざるにとる。粗熱がとれたら水気をぎゅっと絞る。

2 玉ねぎはみじん切りにする。パン粉は牛乳に浸しておく。

3 ボウルに挽き肉、塩、こしょうを入れて粘りが出るまでよく練る。**2**と溶き卵を加えてさらによく練り、4等分にして俵形に成形する。

4 **1**の白菜を広げ、手前に**3**をのせて包むように巻く。

5 鍋を中火にかけてオリーブオイルをひき、**4**の巻き終わりを下にして並べ入れる。両面に焼き色が少しついたら**A**を加え、沸騰したら火を弱めて中に火が通るまで煮込む。好みでパンを添える。

POINT.
両手鍋風のホーロー容器に詰めて。コンロがある場所ならそのまま温め直しが可能です。ウールのクロスでお弁当包みも衣替え。

POINT.
ステンレスの2段弁当にスッカラを添えて見た目も韓国風に。お弁当包みは厚手のコットンリネン。赤いラインがポイントに。

韓国風芋煮弁当

旬の滋味深い野菜をじっくり煮て煮汁も美味しい一品に。
ご飯が進むピリ辛味で体の芯からほっこり温まります。

〈材 料〉2人分

- 牛切り落とし肉…100g
- 塩、こしょう…各少々
- 里芋…大2個
- まいたけ…1/2パック
- ごぼう…1/2本
- ごま油…大さじ1
- 昆布だし（▶p.79）…300mℓ

A
- コチュジャン…小さじ1〜2
- 味噌、酒、醤油…各大さじ1
- きび砂糖…小さじ1

おにぎり、せり…各適量

1 牛肉は塩、こしょうをふる。里芋は洗って皮をむき、食べやすい大きさに切る。まいたけは小房にほぐす。ごぼうは皮を軽くこそげとり、ささがきにして水に5分ほどさらし、水気をきる。

2 鍋を火にかけてごま油をひき、1を入れて中火で炒める。牛肉の色が変わったら昆布だしを加え、沸いたら火を弱めて煮る。里芋に火が通ったらAを加え、ひと煮立ちさせて火を止める。好みでおにぎり、せりを一緒に詰める。

POINT.
保温性のある丼もの用のお弁当箱を活用。具の部分におにぎりを、ご飯部分におでんを詰め、小さめのエコバッグに入れて。

おでん弁当

冬に欠かせないおでんはお弁当にも好評です。
練り物のうま味を含んだ大根が冷えた体に染み入ります。

〈**材 料**〉2人分

大根…1/2本
厚揚げ…1/2枚
結びしらたき…4個
ちくわ、ごぼう巻き、揚げボールなどの練り物…各適量
だし(昆布+鰹)…合わせて1ℓ
ゆで卵…2個
結び昆布…4個

A 薄口醤油…大さじ1・1/2〜2
酒…1/4カップ
みりん…大さじ1

塩…少々
おにぎり、焼き海苔…各適量

1 大根は3㎝幅に切って皮をむき、面取りをして隠し包丁を十字に入れる。厚揚げは2等分の斜め切りにし、熱湯をかけて油抜きする。結びしらたきは熱湯で2〜3分ゆでてアク抜きする。ちくわは斜め半分に切る。

2 鍋にだしと大根を入れて弱めの中火にかけ、大根が柔らかくなるまで煮る。

3 残りの**1**と練り物、ゆで卵、結び昆布、**A**を加え、弱火にして20分ほど煮る。

4 塩で味を調え、火を止めてそのまま冷まし、お弁当箱に入れる。別の容器におにぎり、焼き海苔を入れる。

冬のイベント弁当

冷たい北風に鼻先が赤らみ、吐く息が白くなるころ。
深々とした寒さが身に染みるようになりました。
冬は一年を締めくくる、または、
新しい一年を始める集まりに呼ばれることも……。
冬の厳しい寒さが本当に苦手で、
冬眠したかのように出不精になりますが、
こういったお誘いで目覚める気分です。
お重はそうそう使う機会がないものですが、
軽くて持ち運ぶにはとても優れています。
持ち寄りなどで、そのまま食卓にお出しするのにも
とても素敵ではないでしょうか。
和風すぎず、シックなお重であれば、
料理のジャンルを問わず使えますね。
一段一段、違った中身に会話も弾みそうです。
また巡りくる暖かな季節を待ちわびながら、
冬のお弁当で心を満たします。

アップルジンジャー
ポーク
鱈のディップ
赤いサラダ

アップルジンジャーポーク

〈材 料〉作りやすい分量

豚肩ロース、
または豚ロース肉(塊)…400g
りんご…1個

A
しょうが(すりおろし)…1かけ分
塩…小さじ1
オリーブオイル…大さじ1
ローズマリー…1枝

B
しょうが(すりおろし)…1かけ分
オリーブオイル…小さじ1
塩…少々

からし菜、ルッコラ…適量

1 豚肉は全体にフォークで穴をあける。りんごは芯をとり、1/8個分をすりおろし、残りは半分に切る。保存袋に豚肉とすりおろしたりんご、**A**を入れて軽くもみ込み、冷蔵庫で半日ほど漬ける。

2 天板に豚肉と残りのりんごを並べ、200℃に予熱したオーブンで20分ほど焼く。

3 **2**のりんごの皮をとってボウルに入れ、**B**を加えてよく混ぜ合わせ、ペースト状にする。

4 **2**の豚肉を食べやすい大きさに切って弁当箱に詰め、**3**、からし菜、ルッコラを添える。

鱈のディップ

〈材 料〉作りやすい分量

真鱈(切り身)…1切れ
塩…少々
白ワイン…大さじ1/2
じゃがいも…2個
にんにく…1/2かけ
オリーブオイル…大さじ2
牛乳…2カップ
ディル…適量

1 鱈は皮をとって4等分に切り、塩をふってなじませてから白ワインをふりかけ、15分ほどおく。じゃがいもは皮をむいて半分に切り、薄切りにする。にんにくは潰す。

2 鍋ににんにく、オリーブオイルを入れて弱火にかけ、香りが立ったらじゃがいもを加えて炒める。全体に油がまわったら牛乳、鱈を加え、じゃがいもが柔らかくなるまで煮る。

3 **2**をフードプロセッサーに入れ、なめらかになるまで攪拌する。弁当箱に詰め、ディルを添える。

赤いサラダ

〈材 料〉作りやすい分量

ビーツ、トレビス、
ラディッシュ、
クランベリー…各適量
ザクロ…1/4個
アップルビネガー、
オリーブオイル…各大さじ1
塩、こしょう…各少々

1 ビーツは皮をむいて細切りにする。残りの野菜は食べやすい大きさに切る。

2 ザクロは種を取り出してボウルに入れ、アップルビネガー、オリーブオイルを加えて混ぜ合わせ、塩、こしょうで味を調える。

3 **1**を弁当箱に詰めて**2**を別の容器に入れ、食べる直前にまわしかける。

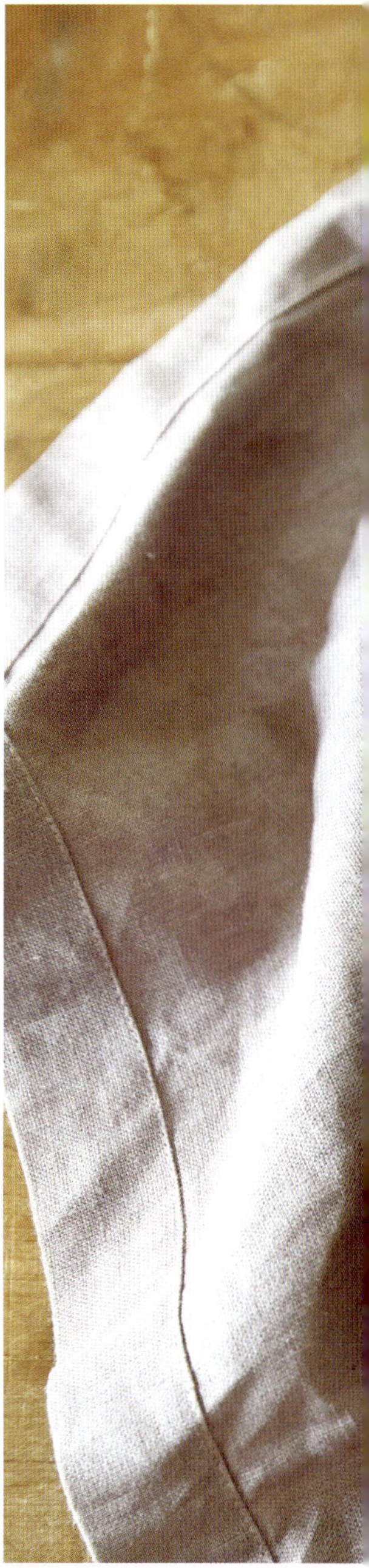

中川たま（なかがわ たま）

料理家。神奈川県・逗子で、夫と高校生の娘と暮らす。自然食品店勤務後、ケータリングユニット「にぎにぎ」を経て、2008年に独立。季節の野菜や果物を活かしたレシピ、洗練されたスタイリングを書籍や雑誌などで提案している。逗子を拠点にイベントにも精力的に参加し、ジャムなどの保存食を提供するほか、伝統を受け継ぎながら今の暮らしに寄り添い、季節のエッセンスを加えた手仕事に日々勤しんでいる。著書に『たま食堂」の玄米おにぎりと野菜のおかず』（主婦と生活社）、『一汁二菜の朝ごはん』（成美堂出版）、『暦の手仕事』（日本文芸社）がある。

写真
宮濱祐美子
アートディレクション
岡村佳織
デザイン
金森 彩
編集
岩越千帆

春夏秋冬《しゅんかしゅうとう》、ぎゅっと詰《つ》めて
旬《しゅん》弁《べん》当《とう》

2017年2月20日　第1刷発行
2017年4月1日　第2刷発行

著者　中川《なかがわ》たま
発行者　中村 誠
印刷所　株式会社光邦
製本所　株式会社光邦
発行所　株式会社日本文芸社
〒101-8407
東京都千代田区神田神保町1-7
電話　03-3294-8931（営業）
03-3294-8920（編集）

Printed in Japan
112170209-112170315 Ⓝ02
ISBN978-4-537-21453-6
URL http://www.nihonbungeisha.co.jp/

（編集担当　河合）